A cabeça de Obama

A cabeça de Obama

Sasha Abramsky

Tradução
Sérgio Rodrigues

AGIR

Título original
Inside Obama's Brain

Capa e projeto gráfico
Tita Nigrí

Foto de capa
Jewel Samad - Getty Images

Preparação de originais
Juliana Romeiro

Revisão
Guilherme Semionato
Eni Valentim

Indexação
Marília Lamas

Produção editorial
Mariana Elia

CIP-Brasil. Catalogação na fonte. Sindicato Nacional dos Editores de Livros, RJ.

A14c Abramsky, Sasha
A cabeça de Obama / Sasha Abramsky ; tradução Sérgio Rodrigues. - Rio de Janeiro : Agir, 2010.

Tradução de: Inside Obama's Brain
Inclui índice
ISBN 978-85-220-1047-9
1. Obama, Barack, 1961-. 2. Presidentes - Estados Unidos - Biografia. 3. Obama, Barack, 1961- - Psicologia. 4. Obama, Barack, 1961- - Visão política e social. I. Título.

CDD 923.173
CDU 929:32(73)

Texto estabelecido segundo o Acordo Ortográfico da Língua Portuguesa de 1990, em vigor no Brasil desde 2009.

Rua Nova Jerusalém, 345 – CEP 21042-235 – Bonsucesso – Rio de Janeiro – RJ
Tel.: (21) 3882-8200 fax: (21) 3882-8212/8313

Para Sofia e Leo,
Que todos os seus sonhos se realizem.

Sumário

Introdução
Montando o palco

Num frio e ventoso dia de inverno, Barack Obama lançou um olhar de cima do seu palanque ao pé do Lincoln Memorial e inspecionou a multidão. Mesmo para os padrões da Obamamania, era uma multidão enorme. Centenas de milhares de pessoas se espremiam nos gramados do National Mall. Vinham de todas as partes dos Estados Unidos para a capital. Muitas haviam cruzado o oceano. Vinham para, aglomeradas e desafiando o frio, ver e ouvir a História acontecer.

Esse comício, uma festa musical cheia de estrelas no último domingo da presidência de George W. Bush, era um prelúdio. Dois dias depois, Obama seria empossado como o 44º presidente do país. De pé, em frente à grande estátua de pedra de Abraham Lincoln, sentado, com três bandeiras hasteadas de cada lado, Obama, como tantas vezes durante a campanha eleitoral, projetou suas palavras em direção ao céu. "Ao me preparar para assumir a presidência", declarou, em tom grave e sonoro, "são as vozes de vocês que levarei comigo todos os dias quando entrar no Salão Oval — as vozes de homens e mulheres que têm histórias diferentes, mas alimentam esperanças comuns; que só pedem aquilo que nos foi prometido como americanos — que poderíamos fazer o que quiséssemos de nossas vidas e ver nossas crianças chegarem mais longe do que nós. É esse fio que nos une num esforço comum; que perpassa cada cerimônia nessa praça; que nos liga a todos aqueles que lutaram e se sacrificaram e aqui pisaram antes de nós."

Os monumentos de Washington ocupam lugar de destaque na pompa cerimonial norte-americana. Trazem o passado de volta à vida, ou melhor, nossas visões do passado. Foi por isso que o organizador da cerimônia de posse, Emmett Beliveau, decidiu ir além dos simples desfiles com banda militar e produziu um espetáculo musical de alto nível no Lincoln Memorial, dois dias antes da cerimônia de juramento, com a intenção consciente de homenagear um nobre legado. Tudo foi projetado para simbolizar a renovação — ou, se você preferir pensar em termos de marketing, o *rebranding* — dos Estados Unidos; uma retomada do seu destino; uma sensação de que o ideal norte-americano contido nos documentos originais da fundação do país estava finalmente prestes a se realizar. A ideia era conjurar os fantasmas das gerações passadas para essa nova causa. Abolicionistas. *Suffragettes*. Líderes sindicais dos anos 1930. Recrutas da Segunda Guerra Mundial. Ativistas dos direitos civis.

O show foi concebido para redefinir quem e em que constituem os Estados Unidos, desde o número de abertura, o majestoso "Lincoln Portrait" de Aaron Copland, até o de encerramento, em que um Pete Seeger de 89 anos cantou, com apoio vocal de Bruce Springsteen, uma versão integral e carregada de radicalismo de "This Land is Your Land". Imagens de trabalhadores comuns de todo o país desempenhando seus ofícios foram projetadas em imensos telões sobre o palanque e ao longo da praça, além de reproduzidas em milhões de telas de TV ao redor do mundo. E foi feito um tributo visual à cantora negra Marian Anderson, que foi proibida de cantar em Washington no fim dos anos 1930 pelas Filhas da Revolução Americana e, mais tarde, trazida para se apresentar no National Mall a convite da primeira-dama Eleanor Roosevelt. No programa do evento poderia estar escrito: *A América do passado recente, o país que esbanjou riqueza e atenção a uns poucos, enquanto negligenciava as necessidades e as histórias de muitos, está sendo dispensada hoje. Bem-vindos à inauguração de um novo modelo de América. Bem-vindos a um novo começo.*

Algo de transformador havia ocorrido no debate nacional ao longo da extensa campanha das primárias e da disputa presidencial que culminou no 4 de novembro de 2008, assim como durante as longas semanas que precederam a posse e nas próprias comemorações da vitória. Tendo como catalisadores a pessoa e as palavras de Obama, os Estados Unidos, coletivamente, engajaram-se numa reflexão sobre questões raciais e de identidade, sobre visões nacionais de progresso e de comunidade, que provavelmente alterou para sempre a imagem que o país tem de si próprio, bem como a que o mundo tem dele. No domingo seguinte à eleição, o jornalista Michael Sokolove, do *New York Times*, ao falar do apoio avassalador dado a Obama pelos eleitores de Levittown, Pensilvânia, escreveu que, "na terça-feira, a nação se transformou, mas o que precisou ocorrer primeiro foi a transformação dos eleitores individualmente".[1]

Ao longo de meses, milhões desses eleitores confrontaram seus próprios preconceitos, seu próprio conjunto de expectativas sobre o que eram os Estados Unidos "de verdade"; e, no dia da eleição, decidiram que podiam, afinal de contas, votar num político negro que havia construído sua carreira ouvindo pessoas comuns contarem a história de suas vidas. A empolgação das multidões naquela noite, não apenas nos Estados Unidos mas ao redor do mundo, vinha, pelo menos em parte, da compreensão de que o significado de ser norte-americano tinha mudado para sempre.

Tais momentos são raros na história de uma nação. Quando ocorrem, as pessoas que estão por trás deles se tornam, inevitavelmente, o foco de nossa mais viva atenção. Se talvez não desejemos explorar literalmente os contornos da mente de Barack Obama, queremos muito, de um ponto de vista cultural, entender de que forma essa mente trabalha, que paixões mobilizam o 44º presidente, que ideias e indivíduos habitam os recessos mentais desse personagem enigmático. É por isso que cada movimento de Obama é obsessivamente esquadrinhado. *Que raça de cachorro ele vai comprar para as filhas? Que tipo de angústia ele enfrentou antes de se decidir pela divulgação dos "memorandos de tortura" da era Bush?* Na entrevista coletiva que marcou os cem primeiros dias de seu mandato, uma intrépida repórter do *New York Times* chegou a perguntar ao presidente que experiências ele havia achado "mais encantadoras" em seus mais de três meses morando na Casa Branca.

De modo bem real, a pergunta cuja resposta buscamos é: "O que move Obama?" Essa é a questão central que *A cabeça de Obama* se dispõe a responder. Para chegar a isso, é preciso responder a um grande número de outras perguntas: Como ele aborda os problemas? Que ideias e teorias intelectuais compõem seu pensamento político? Como ele se comunica com amigos e adversários? De que modo suas muitas habilidades são empregadas nos campos de atuação que escolheu, os mundos da escrita, da organização comunitária, da advocacia e da política? E por que será que tantas pessoas, não apenas nos Estados Unidos, mas no mundo inteiro, se veem tão seduzidas — e tão dispostas a se deixar seduzir — por suas palavras e sua presença?

As respostas, fornecidas por parentes, amigos e colegas das diversas esferas da extraordinária vida de Obama, e também por suas próprias palavras — retiradas de seus livros e ensaios, de entrevistas dadas à imprensa ao longo de mais de uma década e de numerosos discursos de campanha e debates políticos —, revelam a complexidade de um homem que se tornou uma espécie de figura mítica em vida.

No lugar que ocupa na história dos Estados Unidos, o presidente Barack Obama é, sob diversos aspectos, o sucessor de Martin Luther King Jr. e de sua visão de uma bem-amada comunidade que conduziria o país à superação de seu passado de separação e segregação. É a figura de ponta daquilo que o editor da revista *New Yorker*, David Remnick, e outros batizaram de Geração Joshua — a geração de negros norte-americanos que, com acesso aos mais altos níveis do sistema educacional e do mercado de trabalho, receberam dos que vieram antes deles (a chamada Geração Moses, que desmontou as estruturas legais da segregação) não só um sentido de possibilidade, mas também um poderoso sentimento de missão e dever.

Fãs e críticos concordam que Obama é um líder carismático daqueles que só aparecem uma vez na vida. Para os adversários mais extremados que habitam as bordas do bloco conservador — linhas-duras convencidos de que ele é um "candidato da Manchúria", um agente a serviço de interesses escusos com o plano secreto de subverter o estilo de vida norte-americano —, Obama, ao lutar pela liderança da Geração Joshua, revelou-se um homem de pretensões messiânicas, com seguidores ingênuos e quase religiosos em seu fervor. Aos olhos de pelo menos parte de seus partidários, ele exibe o raro poder de mover as placas tectônicas da história com a pura força de sua vontade — aparentemente sem ironia, Oprah Winfrey o apresentou a grandes multidões como "O Tal". Em carta aberta ao candidato vitorioso, escrita imediatamente após a eleição, a escritora

Alice Walker afirmou que ele era "um bálsamo para os combalidos guerreiros da esperança, até então anunciado apenas nas canções". Sua posição como uma das figuras mais carismáticas da história norte-americana representa um grande paradoxo, uma vez que, durante boa parte de sua carreira, ele havia alertado contra movimentos comunitários construídos em torno da presença magnética de um indivíduo. Foi por confiar demais no carisma, acreditava Obama, que no fim das contas o primeiro prefeito negro de Chicago, Harold Washington, um homem cuja foto ele tinha pendurada em seu escritório quando era senador estadual, não fora capaz de criar um movimento que sobrevivesse a si mesmo.

Um messias? Um profeta? Um redentor? Tais rótulos não devem ser proclamados — ou rejeitados — levianamente. No entanto, pelo menos de forma implícita, e por mais exagerados que sejam, eles pairam em torno dele o tempo todo.

Assim, em janeiro de 2009, Barack Obama chegou à Casa Branca com esperanças quase impossivelmente elevadas cercando sua pessoa e sua administração. Em certos sentidos, o povo espera dele o que os sul-africanos esperavam de Nelson Mandela em 1994: a capacidade de agitar uma varinha mágica e instaurar uma harmoniosa Era de Ouro. Por trás da campanha de Obama, de sua retórica e de sua eleição, sempre houve tanto o fardo quanto a promessa da história — um fardo e uma promessa de que o próprio Obama está plenamente consciente. "Esta vitória é de vocês", disse ele a uma imensa multidão no Grant Park de Chicago, minutos depois de ser declarado vencedor da eleição. Ao olhar as massas que choravam e comemoravam, enquanto chegavam informes de imprensa sobre multidões que espontaneamente ganhavam as ruas em cidades grandes e pequenas, o presidente eleito deve ter achado que estava diante de uma "Revolução de Veludo" à americana. "Eu sei que vocês não fizeram isso apenas para ganhar uma eleição e que também não fizeram por mim. Vocês fizeram porque compreendem a enormidade da tarefa que temos à nossa frente. Mesmo nesta noite de festa, sabemos que os desafios que chegarão com o dia de amanhã são os maiores de nossas vidas — duas guerras, um planeta em perigo, a pior crise financeira em um século."[2]

A presidência de Obama não tem como ser uma presidência comum. Apenas por ser quem é e pelo legado histórico deixado por sua campanha e sua eleição, ele mudou os Estados Unidos e criou a expectativa de novas mudanças — tanto uma reestruturação institucional em face do colapso econômico quanto alterações psicológicas no modo como o país se vê e se compreende.

Como Obama usará esse extraordinário apetite por mudanças para redesenhar os Estados Unidos? *A cabeça de Obama*, por meio da investigação das ideias motivadoras básicas, das esperanças centrais, dos medos e dos sonhos do 44º presidente americano, joga luzes sobre o caminho provável diante de nós.

Em diversos sentidos, a história de Obama não é apenas um impressionante drama político, mas também, quase na mesma medida, uma história de negócios. Jerry Kellman, seu primeiro e mais influente mentor no meio dos movimentos comunitários de Chicago, sempre considerou as obras do guru dos negócios Peter Drucker tão aplicáveis ao mundo das organizações políticas de base quanto ao empresarial. Quando instruía Obama, muitas vezes levou livros de Drucker para seus encontros. Drucker acreditava que as corporações modernas bem-sucedidas são organizações horizontais, com o conhecimento distribuído de forma ampla pela força de trabalho. Não era uma visão muito diferente daquela que os líderes comunitários tinham de estruturas políticas democráticas e eficientes. Para Kellman, as palavras de Drucker eram uma revelação. "Qual é o seu mercado? O que tem valor para ele?", perguntava aos jovens ativistas comunitários. "Essas são perguntas universais quando você está tentando fazer um trabalho."[3]

Em 2007 e 2008, os Estados Unidos como entidade, ou como corporação gigante, para usar uma analogia empresarial, estavam fracassando. Sua mão de obra estava profundamente insatisfeita e seu gerenciamento era disfuncional — incapaz de processar informações de forma desapaixonada e sem a mediação de lentes ideológicas, incapaz de se comunicar de forma eficaz com seus trabalhadores e com outras empresas (países). O desafio do candidato Obama era convencer a maioria dos acionistas (eleitores) de que o seu modelo de gestão era melhor; e, ao fazer isso, ele ofereceu lições não apenas ao mundo da política, mas também, o que é quase tão importante, ao mundo dos negócios. Cada decisão do presidente Obama, pelo menos nos primeiros anos de sua administração, terá como pano de fundo uma atmosfera de negócios mais sombria do que qualquer outra desde a Grande Depressão.

Ao explicar como o presidente Obama pensa e se comunica, este é um livro não apenas para os aficionados por política, mas para qualquer pessoa interessada em culturas de grupo, sejam elas políticas ou corporativas. Numa época em que campeia a desconfiança quanto aos excessos das grandes empresas e à ganância de muitos executivos, os métodos e as técnicas de Obama para reconstruir laços de confiança entre os cidadãos e o governo serão provavelmente estudados tão avidamente por CEOs quanto por viciados em política.

A cabeça de Obama não é uma biografia — muitas já foram escritas e muitas outras o serão nos próximos anos. Este livro não está entre elas. Também não é história política — a história da campanha já foi contada, e a história da administração Obama não poderá ser escrita até que ele tenha mais tempo de governo. Redigidas entre o inverno e o início da primavera de 2009, seria provável que minhas palavras já estivessem horrivelmente datadas no momento em que o livro chegasse às prateleiras, seis meses mais tarde. Além do mais, embora Obama transite hoje pelos corredores do poder, e o faça com tremenda desenvoltura, ele não cresceu cercado de pessoas poderosas e tampouco passou a maior parte de sua vida adulta nesse cenário. "A maioria de meus melhores amigos não é de políticos e não vive no mundo da política", disse Obama ao repórter Daren Briscoe, da *Newsweek*, em maio de 2008.[4] Para compreender o homem Obama, em vez do mito Obama, creio ser necessário tomar distância de Washington e conversar com os homens e as mulheres que o conheceram em outros ambientes: Honolulu, Los Angeles, Nova York, Chicago e Cambridge.

Assim, em vez de um conjunto de informações quentes extraídas diretamente do coração do poder, uma série de entrevistas filtradas com os atuais Senhores do Universo, meu livro tem a intenção de ser um amplo perfil psicológico, uma busca do que está abaixo da superfície, uma espiada na mente do homem que está hoje no mais alto pico do poder. Os primeiros sete capítulos tratam mais do funcionamento interno de sua mente; os últimos três, de sua personalidade política e dos modos como essa personalidade foi moldada ao longo das décadas por seu conjunto único de experiências e expectativas. Objetivo entender suas motivações e seus métodos, e, dessa forma, ajudar meus leitores a alcançar o significado da eleição de Barack Obama à presidência dos Estados Unidos num momento de profunda crise nacional, além das prováveis mudanças que essa eleição antevê para a identidade mais ampla do país.

Embora tenha feito a cobertura de comícios em que Obama discursou, nunca encontrei o presidente frente a frente. Durante a preparação deste livro, entrei repetidamente em contato com a assessoria de imprensa da equipe de transição e, mais tarde, após a posse, com a assessoria de imprensa da Casa Branca, requisitando entrevistas com Barack e Michelle Obama, com membros da família do presidente e com seus principais assessores. Embora esses pedidos nunca tenham sido negados, eles também não foram aceitos. Em vez disso, acabaram no limbo, arquivados num escaninho em que eu só posso imaginar que estivesse rotulado: "Irritante: para ser resolvido num momento indeterminado do futuro." Todas as vezes que telefonei ou mandei um e-mail, disseram-me que meus pedidos estavam sendo processados ou tinham sido passados adiante na cadeia de comando. Meu palpite é que os assessores do presidente tinham esperanças de que o projeto simplesmente deixasse de existir.

Não minimizo essa omissão. No entanto, a vida de Obama é, em muitos aspectos, tão acessível ao público — ele escreveu tanto, discursou em tantos lugares e foi entrevistado de forma tão exaustiva — que a maioria das perguntas que eu lhe faria diretamente puderam ser respondidas, mesmo sem que eu o encontrasse, por meio de uma consulta às próprias palavras do presidente.

Obama tem deixado seu próprio legado para os livros de história, por escrito e por meio de declarações, desde a juventude. De todas as figuras públicas de sua geração, é claramente o melhor comunicador. Também já provou ser seu principal estrategista político, um jovem que aproveitou as oportunidades que lhe foram oferecidas e as conduziu, em grande velocidade, rumo à Casa Branca. Sua presença e seus feitos convidam a comparações históricas, algumas feitas por observadores externos, com Franklin Roosevelt e com John Kennedy — e outras, em especial com Lincoln, cultivadas conscientemente pelo próprio Barack Obama.

Se o 44º presidente da nação norte-americana invoca Abraham Lincoln com tanta frequência, não é porque o 16º presidente fosse um idealista puro — durante a maior parte de sua carreira, como o próprio declarou de forma explícita em seu discurso de posse, Lincoln estava disposto a preservar a instituição do escravismo se isso pudesse, de modo pacífico, manter intacta a União —, e sim porque, com suas palavras quase sempre grandiloquentes e suas ações, Lincoln aos poucos pavimentou o caminho para um novo entendimento do potencial inato dos Estados Unidos. Por mais que suas motivações iniciais fossem pragmáticas, a História conspirou para fazer dele o Grande Emancipador, transformando-o no maior porta-voz do Sonho Americano no século XIX, o homem cuja imagem de pedra montaria guarda atrás de Martin Luther King quando, em 1963, ele emitisse as palavras de seu discurso "Eu tenho um sonho", e atrás de Barack Obama quando ele se dirigisse ao público do show pré-posse, no dia 18 de janeiro de 2009.

Nos últimos anos, o Sonho Americano parecia cada vez mais ameaçado. O abismo entre ricos e pobres tinha chegado a níveis inéditos desde os anos 1920; milhões de famílias perderam suas casas por falta de pagamento ou dilapidaram as economias de uma vida em tentativas desesperadas de manter suas propriedades num ambiente assolado por taxas de juros variáveis e preços de imóveis em queda; e a boa vontade internacional com os Estados Unidos, que por muito tempo tinha sido encarada pela população norte-americana como algo natural, praticamente evaporou.

Durante a saga de dois anos composta pelas primárias e pela campanha presidencial, Barack Obama teve que convencer uma população cada vez mais abatida de que, primeiro, o sistema não era tão manipulado a ponto de ser impermeável à vontade popular; e, em segundo lugar, de que um número suficiente de pessoas *deveria* se sentir capaz de realmente mudar as coisas, de que, coletivamente, seus votos *poderiam* realmente transformar e fazer um sonho moribundo, mais uma vez, voltar à ativa.

Foi nesse ponto que suas habilidades de líder comunitário e a linguagem de autoajuda que ele tinha aperfeiçoado em Chicago nos anos 1980 vieram a calhar. "Como fazer para incluir os excluídos neste país?", perguntou Obama aos seus ouvintes numa mesa-redonda sobre organizações comunitárias realizada na cidade, em 1990. "Como trazer pessoas que estão do lado de fora para o lado de dentro? E ainda, como fazer com que esse lado de dentro mude no processo, torne-se mais rico, se autoexamine e se remodele?"[5]

Tais perguntas vinham sendo feitas pelos grandes teóricos da organização comunitária há décadas. "De onde as pessoas comuns tiram a coragem, a autoconfiança e, acima de tudo, a esperança para agir em seu próprio benefício?" Era o que tinham perguntado Harry Boyte, fundador e codiretor do Centro para a Democracia e a Cidadania da Universidade de Minnesota, e sua mulher, Sara Evans, professora de história na mesma instituição, em seu livro *Free Spaces: The Sources of Democratic Change in America* [Espaços livres: as fontes de mudança democrática na América].[6] "Quais são as estruturas de apoio, os recursos e as experiências que geram a capacidade e a inspiração para desafiar 'o modo como as coisas são' e imaginar um mundo diferente?" Os espaços livres, declaravam os autores, "são os ambientes nos quais as pessoas podem adquirir uma nova forma de respeito por si mesmas, uma identidade de grupo mais profunda e mais assertiva, habilidades públicas e valores de cooperação e virtude cívica".[7]

Para Obama, em 2008, o desafio — e a oportunidade — era recriar os próprios Estados Unidos como um grande Espaço Livre. "As pessoas precisam se envolver na remodelação de seus próprios destinos. Não se pode promover mudanças de dentro do *status quo*", observa Marshall Ganz, professor de políticas públicas da Universidade de Harvard e experiente líder comunitário, que trabalhou como chefe do subcomitê de Engajamento Civil da campanha de Obama em 2008.[8] "Você precisa construir um novo eleitorado com o qual promova a mudança." Fazer isso envolveria não só uma vitória eleitoral baseada numa série de estratégias inteligentes e em um pouco da boa e velha sorte, mas também uma profunda transformação na psiquê americana, no entendimento sobre o que um bom governo e o engajamento civil poderiam tornar possível.

Stephen Skowronek, cientista político da Universidade de Yale e autor de *Politics Presidents Make: Leadership from John Adams to Bill Clinton* [A política que os presidentes fazem: a liderança de John Adams a Bill Clinton], tem uma teoria sobre os pré-requisitos necessários para o surgimento de presidentes transformadores. Segundo Stephen, o péssimo e o grandioso parecem vir lado a lado na história americana. Ou seja, Obama simplesmente não teria surgido se a presidência desacreditada de George Bush não tivesse predisposto o país a dar um salto rumo ao desconhecido, a fim de sair do pântano deixado pelo 43º presidente e sua equipe.

Presidências transformadoras emergem das cinzas de um modelo anterior de governo, do colapso de um conjunto de princípios administrativos e ideias econômicas dominantes. "Um presidente transformador é o que chega ao poder num momento em que aqueles que foram por muitos anos, ou mesmo décadas, os compromissos ideológicos herdados e os interesses do governo federal estão condenados, falidos e fracassados", argumenta Skowronek.[9] Tais homens sempre conseguiram olhar para a frente e, ao mesmo tempo, num sinal dirigido à desorganização e ao caos do presente, lançar um olhar retroativo e nostálgico aos dias melhores que passaram, aos valores americanos míticos e aos princípios fundadores ora ameaçados. "É sempre uma redescoberta de valores fundamentais."

Obama se encaixa nesse figurino. Ele é um radical e ao mesmo tempo, sob certos aspectos, um verdadeiro conservador; fala tanto de reafirmar o pacto social de origem dos Estados Unidos — que, como advogado constitucionalista, estudou a fundo — quanto, simultaneamente, de implementar transformações amplas a fim de levar o país a um novo patamar, tanto econômica quanto socialmente.

No dia seguinte à eleição, postei um artigo no site *Huffington Post* dando minha opinião de que a vitória de Obama tinha, em certo sentido, feito o país viajar ao futuro por meio de uma janela do tempo — trazendo para o alcance do presente eventos políticos que imaginávamos situados num futuro distante — e que isso significava um salto gigantesco no modo como o país abordava as relações sociais e a discussão de políticas públicas. Muitas pessoas responderam ao meu ensaio, mas as palavras de um blogueiro em particular chamaram minha atenção. Ao declarar que a eleição era um momento que nos fizera avançar no tempo, argumentava meu correspondente anônimo, eu deixava de compreender metade da História. A outra metade era que ela também havia nos levado de volta a quarenta anos atrás, aos meses anteriores ao assassinato de Martin Luther King Jr. e Bobby Kennedy. O autor do comentário me propunha imaginar como seriam os Estados Unidos, em que o país poderia ter se tornado se King tivesse vivido para implementar sua visão de mundo, não apenas no sul, mas em todo o país, e se Robert F. Kennedy tivesse sido eleito presidente e usado todo o poder do governo para realmente enfrentar nossos problemas sociais. Imagine se o último terço do século passado e os primeiros oito anos do seguinte não tivessem sido dominados por infindáveis guerras culturais, escândalos, picuinhas políticas e uma filosofia econômica que terminou por depauperar dezenas de milhões de trabalhadores norte-americanos.

De modo profundo, o resultado da eleição presidencial de 4 de novembro de 2008 deu início ao trabalho de reparação de um tecido histórico esgarçado. Quando Obama enfatiza a dignidade do trabalho ou se reporta a Lincoln por meio de gestos simbólicos como prestar seu juramento sobre a Bíblia em que jurou o 16º presidente da nação, ele está pedindo à audiência que imagine viver num país que mais uma vez se define por valores simples, básicos, essenciais. Esses valores talvez tenham sido sempre mais míticos do que reais, ou pelo menos mais complexos do que hoje imaginamos que fossem; mas como Obama, um memorialista best-seller, compreende muito bem, às vezes as histórias que contamos sobre nós mesmos, as narrativas que tecemos com a matéria bruta de nossas experiências, são tão importantes quanto as realidades factuais que vivemos. "A história é uma musa curiosa", comenta o historiador Douglas Brinkley, da Universidade Rice e do canal televisivo CBS News. "As pessoas podem ir buscar nela o que quiserem."[10]

Está certo que Lincoln, durante boa parte de sua carreira, aceitou com relutância a instituição da escravatura. Está certo que, diferentemente de Obama — que ao que tudo indica tem uma família de cartão-postal e uma relação quase sem atritos com a mulher, Michelle, e as filhas, Malia e Sasha —, Lincoln teve uma vida pessoal notoriamente atribulada. Está certo que Lincoln era emocionalmente instável e dado a depressões profundas, enquanto Obama se vende como Obama Sem Drama. No entanto, apesar de tudo isso, o mito de uma ressurreição de Lincoln, de uma reencarnação no século XXI do homem que salvou a União, é poderoso demais para que alguém se volte voluntariamente contra ele. Assim, embora Obama, um ávido estudioso de história, esteja certamente consciente dos limites dessa comparação, ele também reconhece seu valor e a explora ao máximo. "É esta crença fundamental — eu sou o guardião do meu irmão, eu sou o guardião da minha irmã — que faz este país funcionar", disse Obama à enfeitiçada plateia da Convenção Nacional Democrata em Boston, no dia 27 de julho de 2004. "É isso que nos permite lutar por nossos sonhos individuais e ainda assim nos unir numa só família americana: *E pluribus unum*, de muitos, um só."

Para Cassandra Butts, grande amiga e confidente política do presidente, Obama tornou-se durante a campanha eleitoral uma espécie de teste de Rorschach cultural.[11] As pessoas viam nele o que queriam ver em sua comunidade mais ampla, investindo em sua pessoa esperanças que nas décadas recentes não ousavam sequer articular.

Eis por que, em seu discurso de posse, quando falou das "nuvens negras e terríveis tempestades" de nosso tempo, Obama pôde conclamar o povo a servir e a se sacrificar sem ser nem ignorado, a exemplo de Bush, nem desprezado como um pessimista covarde, como Jimmy Carter. *Façam isso*, ele diz à plateia, *e eu os liderarei, vocês mesmos se liderarão rumo a dias melhores*. Nada de papo furado, nada de enrolação. *Somos todos adultos*, ele deixa subentendido, *vocês podem confiar em mim porque eu sempre vou deixar claro meu modo de ver as coisas*. Num comunicador menos talentoso, isso poderia acarretar amargura e recriminação; com Obama, o resultado é um sentido nacional de camaradagem. Até mesmo muitos de seus adversários políticos terminam torcendo por seu sucesso.

Numa época em que os Estados Unidos pareciam diminuídos por rivalidades políticas e crescentes divisões econômicas e culturais, Obama prometeu a unidade. Sua imagem de alguém que fala a todos e sua retórica infinitamente autoconfiante pareceram oferecer uma saída para o impasse em que os políticos da velha guarda haviam metido o país. Seu instinto político quase sobrenatural levou os eleitores a entrever tanto as glórias perdidas quanto as futuras, imaginando que ainda haja capítulos a serem escritos na história do Sonho Americano. Talvez tenha sido por compreender isso que Teddy Kennedy decidiu, logo no início da campanha das primárias, depositar suas fichas em Obama. *A família Kennedy*, ele teria dito a seu filho, Patrick, *precisa ficar do lado certo da História.*[12] Obama mostrou uma impressionante capacidade de se pôr no lugar dos desvalidos — que eram cada vez mais numerosos no ocaso da gestão Bush — e de projetar calma em meio ao caos. Charlie Halpern, fundador do Centro para Lei e Política Social e celebrado escritor, afirma acreditar que ele é um verdadeiro praticante daquilo que chama de "sabedoria". Para Halpern, por meio de suas memórias e de seus outros escritos, Obama conseguiu se vender para uma cultura viciada em terapias como o primeiro "presidente autoanalisado".[13]

"O que veio parar nestas páginas", escreveu Obama na introdução de *A origem dos meus sonhos*, "é o registro de uma jornada pessoal interior — a procura de um menino por seu pai, e, com isso, a procura de um sentido viável para sua vida como negro americano."[14] Muitos anos depois, numa livraria Barnes & Noble de Nova York em fins de novembro de 2004 como senador recém-eleito, Obama disse à plateia que havia escrito *A origem dos meus sonhos* como uma forma de tentar responder a uma pergunta fundamental: "Como fazemos para expandir um sentido de empatia que dê a todos e a cada um de nós a capacidade de se sentir na pele do outro, ver o mundo por seus olhos e, em consequência, nos enxergar em outras pessoas?"[15]

A relação de Obama com a palavra escrita e falada é crucial não apenas para seu sucesso como político e para sua imagem como líder empático, mas também para seu próprio ser. "Barack foi primeiro escritor, depois político", diz

John Kupper,[16] sócio de seu guru de mídia e conselheiro David Axelrod e um dos amigos a quem Obama pediu que lesse os originais de *A audácia da esperança*, quando preparava o manuscrito para enviar a seus editores. Observe Obama distribuindo autógrafos numa noite de lançamento e você verá um homem em seu elemento, usando seu fantástico magnetismo pessoal para vender seus livros e conquistar seus leitores. Ele conversa com cada pessoa por poucos segundos apenas, mas, nesses momentos, estabelece uma ligação; pergunta seu nome, o que faz e algumas outras informações rápidas; abre um sorriso luminoso; e então, com um rápido floreio canhoto, sapeca uma assinatura. Se o público é grande, ele consegue manter quatro ou mesmo cinco desses encontros por minuto. Quando a plateia de uma de suas leituras públicas reage positivamente às suas palavras, ele parece sinceramente feliz, como um artista supervisionando a abertura de sua própria exposição.

Consta que Michelle teria comentado com amigos que escrever nunca foi uma experiência dolorosa para o marido; ao contrário, era uma catarse. As horas passadas todos os dias polindo as palavras de seus livros ou escrevendo colunas e artigos para jornais eram horas em que dava total liberdade à sua alma.

Pouco tempo depois de os Obama terem se mudado para a Casa Branca, auxiliares começaram a entregar ao presidente todos os dias uma pasta roxa contendo uma seleção de cartas de americanos comuns de todo o país, expressando esperanças e preocupações. Obama, segundo a ABC News, separava um tempo para responder pessoalmente a duas ou três dessas cartas.[17] Elas o ajudavam a afinar suas ideias sobre questões urgentes do momento. Talvez também o fizessem se sentir mais próximo de seus eleitores; se, por razões de segurança, ele já não podia fazer longas caminhadas pela cidade sempre que sentisse vontade, pelo menos ainda era capaz de deixar que suas palavras se misturassem às multidões em seu lugar.

Mas quem, exatamente, é o homem por trás dessas palavras?

A cabeça de Obama o provoca a se mostrar, explorando as ideias que movem o 44º presidente dos Estados Unidos: os valores por trás de suas políticas públicas, os ideais de organização que regem suas campanhas. E também examina as qualidades únicas que fazem de Obama um personagem tão cativante, em especial seu senso de presença, empatia e carisma.

Durante a campanha eleitoral, o Partido Republicano fez graça dele por ter sido "apenas" um líder comunitário no início de sua carreira. Grande parte da mídia, incluindo seus biógrafos, chegou à conclusão de que o período da vida de Obama dedicado à política de base deveria ocupar um espaço relativamente pequeno, supondo que aqueles anos refletissem apenas as fraquezas radicais de um jovem que tentava se encontrar.

O que esses comentaristas não entenderam é que as crenças que conduziram Obama à política comunitária há um quarto de século, somadas às habilidades que ele aperfeiçoou enquanto trabalhava nisso, são a chave para o político que se tornou, transformando-o no candidato perfeito de uma eleição dominada pelo medo, pelo sentimento de que o país estava doente e pelo anseio desesperado por tempos melhores no futuro. Este livro explora o papel central que a ética das associações comunitárias ocupa no caráter de Obama e detalha de que modo tal ética fez dele, numa eleição presidencial que nada tinha de normal, um candidato anormalmente versátil.

Em meados dos anos 1980, Obama passou por uma série de "escolas de organização de base" em Chicago. Na Fundação Gamaliel e em outras instituições, líderes comunitários de larga experiência lhe ensinaram técnicas práticas que lhe permitiram se comunicar com pessoas comuns e cultivar sua confiança. Ensinaram-no também a dar aos outros um senso de poder, a motivar cidadãos comuns a transformar seu ambiente.

Não concedi à "organização comunitária" um capítulo à parte neste livro. Isso não quer dizer que ela não seja importante. Pelo contrário: trata-se de um *leitmotiv* que perpassa toda a história de Obama. Como pano de fundo, é onipresente em praticamente todos os capítulos deste livro.

Ao longo de um quarto de século, Barack Hussein Obama passou de um jovem líder comunitário idealista a presidente dos Estados Unidos. Qualquer que seja o enfoque, trata-se de uma história extraordinária. No meio do caminho, quando estava no Senado estadual em Illinois, costumava jogar pôquer toda semana com alguns colegas. Agora, como presidente, traz tudo o que aprendeu como líder comunitário, escritor, advogado e político para a mesa onde se desenrola o jogo mais pesado do planeta.

As páginas a seguir mostram como o presidente Barack Obama joga com as cartas que lhe são dadas. Ao compreender como ele surgiu, podemos ter uma ideia de para onde vai; e, ao examinar os caminhos que Obama está mapeando, conseguiremos enxergar para onde os Estados Unidos, como país, provavelmente irão.

Capítulo 1
Foco

Em meados dos anos 1980, o jovem Obama organizou um curso de treinamento para diversos ativistas comunitários da região sul de Chicago, a fim de lhes ensinar a melhor forma de contar suas histórias, como conquistar funcionários públicos para causas como a remoção de amianto de conjuntos habitacionais populares e a criação de centros locais de ensino profissionalizante, além de como engajar outros membros da comunidade em debates sobre os problemas de sua vizinhança. Ele descobriu um hotel à beira da estrada interestadual, a caminho de Lansing, Michigan, e reservou a sala de conferências. O hotel ficava, notaram os ativistas com pesar, no meio do nada. O dinheiro era curto, e, para a maioria deles, sair de Chicago era um luxo raro. *Por que ele teria escolhido um lugar tão lamentável para o encontro?*

"Ele disse: 'Quero manter vocês focados. Podíamos ter ido para outro lugar, mas vocês iam querer fazer compras e ir a restaurantes. E eu quero todo mundo focado'", recorda uma das convidadas, Loretta Augustine-Herron, uma ativista comunitária e professora que trabalhava com Obama na época.[1] "Nunca vou me esquecer disso. 'Mas vamos fazer uma festa na última noite'", Herron se lembra de Obama dizer-lhes, meio constrangido. "E nós fizemos mesmo. Não foi uma festa de arromba. Mas era a ideia dele de festa." Ela faz uma pausa e ri da lembrança. "Por mais jovem que fosse, ele estava muito focado no que fazia. E pesquisava tudo. Parecia muito à vontade sentado lá, conversando com a gente. Mas sabe de uma coisa? Nós sabíamos que ele sabia. Era quase como um dom. Ele parecia saber como as coisas se conectam, onde cada uma se encaixa no esquema geral das coisas."

Quando os ativistas comunitários marcavam debates públicos para discutir questões como equipamentos públicos dilapidados ou escassez de cursos profissionalizantes, Obama instruía diligentemente sua equipe e depois ficava em pé no fundo da sala, em silêncio, de braços cruzados, ouvindo com atenção tudo o que era dito. Não buscava os holofotes, mas, se as coisas começassem a fugir ao controle, intercedia com delicadeza, respeitosamente, e trazia a conversa de volta aos trilhos.

"Ele ia às nossas casas, entrava nas casas das pessoas que moravam nos conjuntos habitacionais. O pessoal mais velho morria de amores por ele", recorda outra ativista, Yvonne Lloyd, mais de duas décadas depois.[2] Lloyd era uma mulher idosa que morava em Nashville, Tennessee, e tinha 11 filhos, 24 netos e 13 bisnetos quando seu amigo foi eleito presidente. Para ela, em retrospecto, o jovem Obama tinha simplesmente uma qualidade magnética. Ela percebia que pessoas muito mais velhas do que ele só queriam saber de segui-lo. "Ele nos dizia: 'Quando as pessoas à sua volta estiverem agindo como loucas, gritando e se esgoelando, mantenham a calma. Continuem focados.' Foi assim que ele nos ensinou. Foi essa a pessoa que eu conheci, esse é o Barack que conheço. Um jovem que conseguia liderar um grupo de pessoas em que todo mundo era muito, muito mais velho do que ele. Lembro que um dia uma senhora, que não pertencia ao grupo, me perguntou: 'Menina, vocês seguem aquele homem?' Eu disse: 'Se você tiver a chance de conhecê-lo, se se envolver no trabalho comunitário, também vai *querer* segui-lo, porque vai *acreditar* que ele pode fazer as coisas acontecerem.' Para mim, era como se ele fosse um dos meus filhos. Eu queria que ele tivesse sucesso."

Ratos, golfe e cestas de três pontos

Desde muito moço, o foco e a capacidade de se isolar do ruído ambiente foram traços básicos da personalidade de Barack Obama. Talvez fosse uma herança das aulas de inglês que sua mãe o obrigava a aturar no meio da noite, quando criança, na Indonésia. *Concentre-se. Concentre-se. Concentre-se.* Amigos da época da escola de elite Punahou Academy, em Honolulu, lembram-se de que Barry, como era conhecido, conseguia sempre fechar o foco em seus interlocutores, parecendo conceder-lhes sua completa atenção. "Ele era muito calmo, muito composto, um bom ouvinte e também um bom falante. Muito eloquente", recorda o professor Eric Kusunoki, conhecido pelos estudantes simplesmente como Sr. Kus.[3] "Era brilhante, articulado, tinha boas maneiras e se dava bem com todo mundo." Kusunoki e os colegas de classe de Obama lembram-se de um adolescente feliz e descontraído, mas que também sabia se concentrar intensamente quando necessário.

Ao longo da vida adulta de Obama, colegas e amigos sempre se impressionaram com essa característica. Quando traça um curso de ação, ele o persegue metodicamente, nunca deixa tarefas inacabadas.

O advogado Judson Miner, de Chicago, cujo pequeno escritório especializado em legislação de direitos civis foi buscar Obama em Harvard — derrotando centenas de empresas que também cortejavam o ex-presidente da *Law Review*, a maioria delas grandes corporações, e muitas oferecendo-lhe salários muito maiores —, foi levado pela experiência a acreditar que nada seria capaz de distrair o jovem Obama.

Miner se lembra de um exemplo bem específico, que ilustra a capacidade que seu jovem colega tinha de se isolar até das distrações mais asquerosas. Os escritórios da Miner, Barnhill & Galland ficavam numa casa ao lado de um pequeno restaurante tailandês. O restaurante tinha problemas sanitários — que acabariam resultando em seu fechamento pela prefeitura —, e os ratos tinham começado a se aventurar nas propriedades vizinhas. Certo dia, os advogados estavam agrupados na sala de reunião, que era situada no porão da casa. Obama atendeu a um telefonema relacionado com um caso em que estava trabalhando. Enquanto falava, dois ratos grandes entraram na sala e começaram a correr em círculos entre as pernas dos advogados. Histórias desse tipo costumam ser exageradas quando contadas, mas Chuck Barnhill, um dos sócios do escritório, jura que um dos bichos chegou a escalar a perna de Obama. "E, enquanto todos nós estávamos perturbados pelos ratos", conta Miner, rindo, "ele continuou concentrado na ligação, encerrou-a e então se juntou à nossa conversa sobre os invasores. Ele é um malabarista, consegue manter várias bolas no ar, de forma compartimentada, para que uma coisa não interfira na outra. É muito discreto quanto a coisas desse tipo. Não declara publicamente sua irritação, sua tristeza, nada. Mas você sabe que ele é afetado pelas coisas. Você pode perceber por seu rosto."[4]

"Lembro-me de Barack contando essa história com seu jeito meio sarcástico", diz George Galland, que não estava presente à infame reunião.[5] "O contexto era: 'Que tipo de espelunca é essa em que vocês me puseram para trabalhar?!' Aquela família de ratos estava enlouquecendo a gente." Para Galland, o episódio é um dos muitos exemplos do sangue-frio de Obama. "Ele nunca dá a impressão de estar distraído quando conversa com você. Quando lhe dirige a palavra, você sente que tem sua total atenção. E suspeito que tenha mesmo. Isso sempre foi característico dele."

Na opinião de Miner, esse era um talento que não podia ser aprendido. Era, sentia ele, bastante "natural". E era também profundamente cativante, deixando uma boa impressão instantânea em qualquer pessoa que conhecesse o jovem advogado. O mesmo talento impressionou Newton Minow, um dos maiores advogados de Chicago e ex-integrante da Comissão Federal de Comunicações. No início dos anos 1990, chegando atrasado a uma reunião com poderosos da cidade, Minow desculpou-se dizendo que tinha acabado de se encontrar com dois jovens advogados, Michelle e Barack Obama, e declarou então, de modo teatral, que tinha visto ali o futuro do país.[6] Anos depois, Minow escreveu um artigo explicando por que esperava que Obama anunciasse sua candidatura à presidência: o senador, disse ele, sabia ir direto ao que interessava; sabia se concentrar no que era importante e trazer o grande público com ele. "Ele aproxima as pessoas em busca de consenso", escreveu Minow em seu artigo, publicado pelo *Chicago Tribune* na edição de 26 de outubro de 2006. "É um tipo diferente de líder político: um pacificador."

Essa extrema concentração, esse impulso para ter sucesso em tudo o que faz, tem distinguido Obama da multidão há tanto tempo quanto qualquer um consegue recordar. Na idade adulta, foi uma característica canalizada em prol de mudanças políticas. Mais cedo em sua vida, porém, tinha a ver com triunfos menos socialmente relevantes. John Owens (citado apenas como Johnnie em *A origem dos meus sonhos*), que substituiu Obama como chefe do Projeto de Desenvolvimento Comunitário de Chicago quando o ativista seguiu para o leste e para a Escola de Direito de Harvard, teve uma amostra da necessidade de sucesso de seu amigo mais novo. Foi no verão de 1986, e os dois foram postos num avião para Los Angeles, a fim de participar de um treinamento de duas semanas num acampamento administrado por uma escola de ativismo comunitário chamada Industrial Areas Foundation. Obama, que tinha crescido no Havaí, nadando regularmente no oceano Pacífico, falou para Owens que podia, e *iria*, batê-lo numa competição de natação na costa de Malibu. "Eu não era páreo para ele na natação. O sujeito era extremamente atlético. E extremamente competitivo, cara. Eu certamente não estava à sua altura, e ele não facilitou para o meu lado. Disse: 'Bem, John, não vou pedir que você venha comigo para longe da praia. Já vi como você nada, e não vou ajudá-lo a voltar.' Coisas desse tipo."[7] Quando iam para as quadras de tênis, o chefe de Owens jogava de modo igualmente implacável. Era o mesmo Obama que, de acordo com sua meia-irmã Maya, gargalhava sem a menor cerimônia sempre que ganhava uma partida de palavras cruzadas na infância.[8]

Até num campo de golfe Obama levava a vitória a sério — embora não fosse lá um grande golfista; tinha um jeito nervoso de ensaiar a tacada antes de acertar a bola e precisava de cerca de noventa tacadas para completar um percurso de 18 buracos. No entanto, como lembra seu amigo Whitman Soule,[9] analista de informação que trabalhava para a Miner, Barnhill & Galland, ele gostava de apimentar as partidas que jogavam em campos públicos no Hyde Park e nos subúrbios da zona norte de Chicago, apostando 25 centavos por buraco. Não era o que se chama de dinheiro sério, mas o simples fato de haver uma aposta parecia empolgar Obama. "Aquilo meio que adicionava um...", e Soule faz uma pausa, procurando a imagem certa.

"Não era uma competição de verdade, mas *era*, de brincadeira, uma espécie de competição. Ele gostava dessa dimensão adicional de competitividade."

Após o fim do jogo, Obama levava a mão ao bolso e acendia um cigarro. Então, quando não tinha que ir para casa encontrar Michelle ou trabalhar um pouco mais, os parceiros de golfe iam comer e conversar no restaurante Hackney's.

Também numa quadra de tênis coberta, em partidas disputadas contra Judson Miner nas tardes de quinta-feira ou nos fins de semana, nos clubes de East Bank ou Lake Shore, Obama, que gostava de se manter no fundo da quadra, sempre jogava para vencer. Muito focado, muito metódico. Um homem com uma mesa impecavelmente organizada no escritório e uma atitude sóbria no ginásio e na quadra de tênis. Todos os dias, conta o preparador físico Ruben Wilson, ele fazia as mesmas três sessões de abdominais e levantamento de peso. Nos intervalos, lia o *Wall Street Journal* ou, com menor frequência, as páginas esportivas do *USA Today*. Obama era, de acordo com Wilson e outros frequentadores do clube, um jogador de basquete apenas mediano, mas às vezes, quando começava a acertar arremessos, podia-se contar que fizesse excelentes cestas em sequência — estava tão concentrado no jogo que, temporariamente, começava de fato a ter o desempenho de um jogador melhor do que normalmente era. O foco o fazia subir vários degraus.[10] O jornalista Alexander Wolff, da *Sports Illustrated*, que um dia, durante a campanha presidencial, foi para a quadra de basquete com o candidato, escreveu que Obama ficava à vontade dando passes pelas costas e acertou um número surpreendente de cestas de três pontos.[11]

Tanto John Owens quanto Judson Miner reconhecem que a natureza competitiva de Obama nos esportes representava algo mais profundo do que uma mera válvula de escape para um grande ego. A vitória era importante não apenas porque Obama tinha ódio visceral à derrota, mas também porque corroborava uma ampla estratégia de vida: concentre-se nos seus objetivos, não se deixe distrair por miudezas. Mantenha sua vida em ordem, mostre determinação, e as coisas começarão a sair do seu jeito. Owens se lembra de que Obama tomava o mesmo café da manhã quase todos os dias enquanto estavam no retiro de Malibu: ovos, *hash browns* e torradas, quase sempre sem qualquer tipo de carne — "ele nunca comeu em excesso, foi sempre moderado em tudo". Depois, passava horas fazendo exercícios, fosse correndo pelas colinas ou nadando no mar. Ele era disciplinado, quase militar em seu comportamento pessoal. Loretta Augustine-Herron recorda que muitas das mulheres do Projeto de Desenvolvimento Comunitário ficavam preocupadas com seus hábitos alimentares; às vezes, passeando pela vizinhança em conversas com metalúrgicos desempregados, ele parecia tão magro que se aproximava da emaciação. Certa vez, lembra ela, Obama levou todo mundo para almoçar e, enquanto eles comiam *club sandwiches* e hambúrgueres, ele beliscou uma salada de espinafre. "Nós dizíamos: 'Barack, você não vai comer nada? Isso aí, sabe, não é *nada*.' Ele respondia que comeria mais tarde, que não devíamos nos preocupar... que a comida o fazia ficar mais lento, não o deixava pensar com clareza."[12] Quase um quarto de século mais tarde, repórteres que cobriram a campanha presidencial de Obama observaram a mesma coisa. Embora ele às vezes fizesse churrasco para as filhas em casa, em Chicago, raramente pedia carne vermelha nas excursões de caça ao voto, preferindo salmão ou salada. Sempre comia pouco nos muitos jantares fartos de que participava na campanha (comprava panquecas para viagem em alguns restaurantes, de modo a não magoar os donos, mas ninguém jamais o viu comê-las depois) e preferia, após um dia duro de campanha, exercitar-se sozinho a bater papo e tomar cerveja com repórteres ou cabos eleitorais voluntários.[13]

Embora não fizesse alarde do assunto, Obama tampouco se esquivava de apregoar sua natureza competitiva. Owens lembra-se de ter deixado seu chefe ofendido quando, para provocá-lo, disse que ele não sabia dançar. Obama fez questão de provar que o amigo estava errado, com sucesso apenas relativo, em shows de rhythm'n'blues e festas às quais os dois iam juntos. Seu velho amigo William McNary, do grupo de interesse público Citizen Action, lembra-se de quando Obama foi convidado a um programa popular numa rádio local em que o apresentador, Herb Kent the Cool Gent, e um convidado travavam uma disputa, convencendo os ouvintes a apoiar um ou outro astro num torneio de popularidade. Obama tinha que convencer os ouvintes a dar apoio à música de Sam Cook, contra a de Lou Rawls, defendida pelo radialista. Ele levou a tarefa a sério como se seu próprio futuro dependesse dela, e quando o programa terminou tinha conseguido mais telefonemas do que Herb Kent.

Esse senso de competitividade estava muito bem-alinhado com suas ambições maiores. Obama queria mirar o topo e tinha autoconfiança suficiente para acreditar que poderia superar qualquer um que o desafiasse ao longo do caminho. O que ele achava de um dia, talvez, concorrer à presidência? Foi o que o colunista Bob Herbert, do *New York Times*, perguntou a Obama menos de dois anos depois de sua eleição para o Senado federal. "Se você entra na vida pública, quer ter influência", respondeu.[14] Sua autoconfiança nos faz recordar a frase do jovem John Kennedy: "Claro que é um trabalho difícil, mas não conheço ninguém que possa fazê-lo melhor do que eu."

Ao longo dos anos, algumas pessoas qualificaram essa vontade de vencer como arrogante, descarada ou desagradavelmente ambiciosa. Para Toni Preckwinkle, uma experiente vereadora da região sul de Chicago, às vezes parecia que o jovem político emergente pisaria nos calos de toda e qualquer pessoa, se isso o ajudasse a escalar o pau de sebo do poder. Delegada de Obama na Convenção Nacional Democrata de 2008, ela, no entanto, continuou suspeitando um pouco de suas motivações. "Ele é uma pessoa muito inteligente e talentosa", reconhece, escolhendo cuidadosamente as palavras. "Foi extremamente focado e determinado em sua escalada política e teve o que eu só posso descrever como uma ascensão meteórica. Reuniu uma equipe de campanha muito disciplinada para concorrer à presidência, e eles fizeram um trabalho brilhante." *Mas será que ela gosta do que Obama fez com seu brilhantismo ao longo dos anos?* A vereadora faz uma pausa, uma pausa longa e significativa, e depois ri nervosamente. "Não creio que tenha importância eu gostar ou não. Ele foi extraordinariamente bem-sucedido levando em conta o modo que escolheu para trabalhar. Isso fala por si."[15]

Alguns de seus colegas universitários já foram citados em reportagens referindo-se a suas ambições desmedidas, sua confiança arrogante no próprio destino. Parte de seus companheiros democratas no estado de Illinois também era pouco entusiástica. E houve aqueles, no mundo das organizações progressistas que Obama frequentava nos anos 1990, que acabaram por sentir que ele usava pessoas e instituições para atingir seus objetivos e depois seguia em frente.

No entanto, tais homens e mulheres são exceções. A maioria dos que entraram em contato com Obama ao longo dos anos ficou impressionada com sua tranquila determinação e com seu foco, não com alguma inclinação fundamental à prepotência.

Durante os primeiros tempos de Obama em Chicago, ele era, de acordo com diversos ativistas comunitários que trabalharam ao seu lado na zona sul da cidade, obsessivamente mergulhado na leitura. Seu apartamento não tinha televisão e, como ele ainda tateava um caminho social em sua cidade adotiva, raramente saía à noite. Eles o descrevem, nessa altura da vida, como "monástico", profundamente preocupado em absorver ideias. Era um hábito que tinha trazido de Nova York, de seus anos como estudante de política na Universidade de Columbia. "Passei um bocado de tempo na biblioteca", disse Obama a um jornalista estudantil do *Columbia College Today*, em 2005. "Não socializava muito. Parecia um monge." Em Chicago, seus mentores lhe deram livros como *The Power Broker* [O mediador do poder], de Robert Caro, um clássico sobre o urbanista de Nova York, Robert Moses, e a violenta reação em nome da organização comunitária que seus planos grandiosos inspiraram; textos como *Rules for Radicals* [Regras para radicais], do lendário ativista Saul Alinsky; e *Em defesa da política*, de Bernard Crick. Obama os inalava como se fossem oxigênio, e não meras palavras escritas. Ele era, como disse seu chefe, Jerry Kellman, um jovem de impressionante "disciplina".[16]

Talvez isso fosse uma reação inconsciente à saga de seu pai. Barack Obama pai era um homem brilhante mas indisciplinado, dado a sabotar sua felicidade e sua carreira com acessos de raiva, farras com mulheres, bebedeiras, zombaria com chefes e colegas e o abandono de uma esposa após outra, um grupo de filhos após outro. Se Bill Clinton era o filho carente, necessitado de atenção e afeto de um alcoólatra agressivo, Obama era o filho cerebral e focado de um diletante nervoso e mercurial, um economista educado na Ivy League que poderia ter terminado sua carreira nas mais altas esferas do poder no Quênia, mas que em vez disso acabou falido e frustrado.

Mas Obama não era apenas monástico. Mesmo aos vinte e poucos anos, era visto como extremamente metódico, um talento que nem sempre fica evidente no mundo cheio de arestas e conflitos de egos das associações comunitárias e da política de base. Com muita frequência, os organizadores comunitários se frustravam e não terminavam o que tinham se proposto fazer. Era comum que alianças se rompessem devido a conflitos de gênios. Para Obama, isso nunca foi uma questão. "Por que organizar?", foi o nome que deu ao ensaio com o qual colaborou para a coletânea editada por Peg Knoepfle e publicada em 1990 sob o título *After Alinsky* [Depois de Alinsky].[17] "Provavelmente a [resposta] mais curta é esta: é algo que precisa ser feito, e não há pessoas suficientes fazendo." Concentre-se nas organizações comunitárias, ele escreveu, e você conseguirá gerar "uma onda de empoderamento político em todo o país". Ouça e aprenda. Traga as pessoas para o seu lado. Faça-as sentirem-se importantes. Ofereça-lhes sua completa atenção.

Quando os organizadores comunitários estavam em campanha para a remoção de amianto dos conjuntos residenciais de Altgeld Gardens pelas autoridades de Chicago, Obama podia ser encontrado com frequência nos escritórios da CHA (Chicago Housing Authority), vasculhando os arquivos, à procura de nomes de funcionários obscuros para conversar.[18] Depois, em encontros mantidos em porões de igrejas na zona sul da cidade, compartilhava essas informações com outros ativistas. Loretta Augustine-Herron recorda que, às vezes, ele comparecia a reuniões às 7h30 da manhã e continuava participando de encontros e conversando com pessoas até depois das 22 horas.

"Ele era muito interessado nas pessoas, muito empático", diz Mike Kruglik, da Fundação Gamaliel. "Tempos depois ele disse que os conceitos fundamentais do movimento comunitário estavam gravados a fogo no seu cérebro. Um desses conceitos era a importância de ouvir as pessoas, de descobrir suas histórias, suas paixões, suas motivações básicas, seus interesses."[19] Para Harry Boyte, não se tratava apenas de uma técnica; era a consolidação de uma nova sensibilidade. "A organização comunitária de base ampla", acredita ele, "tentava criar contraculturas que se opusessem a uma cultura dominante considerada degradada, materialista. Deve ter sido uma experiência muito importante na formação de Obama."[20]

Mais tarde, nos meses entre a graduação em Harvard e o início do trabalho no escritório de advocacia de Miner, Obama conduziu o Projeto Voto, contratado por seu financiador, o advogado Sanford Newman, com um salário que equivalia a menos de trinta mil dólares por ano.[21]

Mais uma vez, ele se concentrou na tarefa que tinha nas mãos como se sua própria vida dependesse dela. Num período de seis meses, a campanha — que utilizava seus próprios voluntários e principalmente trabalhadores de organizações locais já existentes — registrou bem mais de 150 mil eleitores, muito acima de qualquer outro esforço isolado de registro na história de Illinois. Obama mantinha uma contagem semanal de novos eleitores e calculava meticulosamente quantos voluntários seriam necessários em cada ponto de registro. A vasta maioria desses novos votantes era de afro-americanos, numa cidade em que uma enorme quantidade de cidadãos negros, depois da morte do prefeito Harold Washington, tinha optado por se retirar do processo político. Ao fim da campanha eleitoral de 1992, a equipe de Obama, usando de forma eficaz o slogan "É uma questão de poder", tinha engendrado uma transformação notável: pela primeira vez na História, o número de eleitores registrados nas 19 zonas eleitorais predominantemente negras de Chicago superou o das zonas de maioria branca.[22]

De alguma forma, ao mesmo tempo que trabalhava a todo vapor no Projeto Voto — Newman calcula que estivesse dedicando cerca de setenta horas semanais a ele —, Obama conseguiu escrever a maior parte de seu livro *A origem dos meus sonhos*. A tese de amigos é que ele dormia umas três, quatro horas por noite.

Era um padrão que iria se repetir muitas vezes ao longo da década seguinte. Obama sempre fez diversas coisas simultaneamente: era advogado no escritório de Miner, palestrante — e, mais tarde, palestrante sênior — na Escola de Direito da Universidade de Chicago, senador estadual e também escritor. Mesmo assim, parecia capaz de manter sempre o controle da situação: amigos dizem que lhe enviavam e-mails e recebiam a resposta não dias depois, mas em questão de minutos.

Durante o processo de edição de *A audácia da esperança*, Obama fez uma viagem à África. Sem acesso a fax ou e-mail e com um cronograma apertado de publicação que não deixava nenhuma margem a erros, ele telefonava repetidamente para sua editora, de Djibouti, do Chade e do Quênia, para discutir problemas do texto. Uma dessas ligações durou a noite inteira, numa maratona de cinco horas sem uma pausa sequer, e a concentração de Obama nunca fraquejou. Ele queria assegurar-se de que cada palavra fosse a mais adequada. Não era o estilo de um político que estivesse sapecando um livro simplesmente para tornar seu nome mais visível; ao contrário, era o estilo de um escritor dedicado que desnudava sua mente para o mundo e queria que essa mente aparecesse diante de todos como um instrumento lapidado e cheio de estilo.

Seu texto, descobriu Rachel Klayman, editora da Crown Publishing, mal precisava de retoques. Quando ele escrevia um trecho, continuava a revisá-lo, preocupado em deixá-lo exatamente como queria. Klayman, com sua experiência de um quarto de século como editora, acha que o escritor Obama era um verdadeiro perfeccionista. "Se eu fosse professora e tivesse que dar uma nota, ele estaria no grupo do 1% melhor", avalia. Ao longo dos anos, ela havia encontrado apenas três ou quatro outros escritores cujo texto era tão bem-acabado.[23]

Isolando as distrações

Durante a campanha de Obama para o Senado federal, o jornal *Chicago Sun-Times* publicou a declaração de um amigo dos tempos de Harvard, que revelava ser Michael Jordan, um astro do basquete que combinava talento, paixão competitiva e capacidade sobrenatural de se concentrar no trabalho, o herói dos dois na época de estudantes. Na quadra, recorda o professor Alan Dershowitz, que batia bola com Obama, seu aluno se destacava com um devastador arremesso de canhota. "Ele era bom em simplesmente tudo. Todos gostavam dele. Era o sujeito que você olhava e dizia: 'Esse vai ser alguém.'"

De um total de aproximadamente 550 estudantes de direito que a cada ano passam por Harvard — onde são preparados para assumir posições de elite na sociedade norte-americana —, Dershowitz diz que tem esse tipo de sentimento despertado por, talvez, uma dúzia. Desse grupo, acerta na metade das vezes: são os homens e as mulheres que acabam por se tornar senadores, governadores, advogados de renome, juízes da Suprema Corte e, sim, presidentes.[24]

Mesmo os críticos de Obama — e em seus primeiros tempos em Springfield, capital de Illinois, havia muitos deles, diversos dos quais eram personagens menores de seu próprio partido que se viam ofuscados pela exuberância do novato — reconheceram rapidamente seus talentos intelectuais e políticos. Identificaram também sua capacidade de se concentrar nos problemas e promover a aliança de grupos e indivíduos heterogêneos em apoio às suas metas.

Em sua escalada política, Obama nunca perdeu o foco. "Aqui vai mais um pequeno exemplo", diz o pesquisador de opinião Paul Harstad, baseado no Colorado. "Era o verão de 2004. Ele tinha conquistado a indicação democrata para o Senado. Talvez fosse junho, quem sabe julho. Por algum tempo, ele não tinha concorrente. Não sabíamos se ele seria um candidato forte ou fraco. De qualquer modo, ele queria promover uma reunião para discutir questões públicas. Estava fazendo seu trabalho como senador estadual e levava esse trabalho muito a sério. Assim, queria promover um encontro para debater questões públicas em Springfield. Levaram cerca de vinte conselheiros. Havia conselheiros sobre questões específicas, assessores de campanha e consultores. Estavam tentando encontrar abordagens novas, progressistas e inovadoras para a educação, a saúde pública, a economia e a política externa." O encontro durou mais de cinco horas. "O próprio Barack abria os trabalhos sobre cada tema e, de todas as ideias que eram propostas, entre 85% e 90% partiam dele mesmo. Ele tinha domínio sobre todas as questões. Estava ansioso para ouvir — ele gosta de novas informações, novas abordagens, novas ideias —, mas tinha todos os temas sob controle. Basicamente, não se tratou de política nesse encontro. Quase não se falou sobre isso. Era tudo muito substancial, puro interesse público. Era impressionante, no meio de uma campanha, haver algo tão inteiramente substantivo, baseado no mérito, sem qualquer consideração real pelo cálculo político."[25]

No entanto, apesar de toda a ênfase em foco e em resultados, Obama não é um administrador preocupado com miudezas — na verdade, quem trabalha a seu lado diz que ele escolhe pessoas de grande talento para cercá-lo e então delega responsabilidades, confiante em que sua equipe vai armá-lo com boas informações e boas decisões. "O brilho de sua campanha é o seguinte: ele reuniu uma pequena equipe de pessoas brilhantes e depois deixou-as trabalhar em paz", diz Alan Solomont, o primeiro grande esteio financeiro de Bill Clinton a apoiar publicamente Obama. "Já vi um monte de campanhas, e nunca vi um candidato que se metesse tão pouco nas pequenas questões. Ele era realmente partidário de definir uma estratégia. Disse: 'Quero conduzir a campanha como uma empresa. Quero que ela mostre respeito. E não quero drama.' Ele juntou Axelrod e Plouffe, Gibbs e Hildebrand, e sei lá mais quem, não era muita gente, e realmente os deixou tocar as coisas. Eu nunca tinha visto uma campanha em que não houvesse pessoas batendo cabeça. Não houve nada disso."[26]

"Barack gosta do quadro geral. Ele tem pouca paciência para a implementação dos detalhes", confirma seu amigo Ken Rolling, que conheceu Obama em meados dos anos 1980 e mais tarde trabalhou a seu lado no Desafio Annenberg. Quando precisava se inteirar das minúcias, ele era mais do que capaz de fazer isso. Mas preferia trabalhar sobre uma tela vasta, procurando estabelecer conexões entre ideias e políticas públicas que com demasiada frequência permaneciam sem qualquer contato entre si, devido à burocracia ou a interesses especiais. Por vocação, suas respostas às questões de política pública eram holísticas. Obama queria conhecer as linhas gerais das pesquisas que os especialistas conduziam, mas não acreditava que, como líder, fosse pessoalmente responsável por todos os pequenos detalhes envolvidos. "Ele quer saber qual é a estratégia que sua equipe vai seguir. Quer ser capaz de definir a direção e de ter boas pessoas para assumir o trabalho e cuidar dos detalhes."[27]

Combinando autoconfiança com fé em sua equipe, Obama dá aos observadores uma impressão marcante de calma interior. Muitas pessoas, inclusive membros de destaque de sua equipe de transição, descrevem essa calma como quase zen. Do mesmo modo que isola todas as distrações quando está numa quadra de basquete, nada parece capaz de perturbá-lo no campo da política. Trata-se de um *modus operandi* diametralmente oposto ao de, por exemplo, Bill Clinton ou Richard Nixon, ambos muito inteligentes e cientes do quadro geral e de seu papel na História, mas incapazes de se isolar inteiramente das pequenas distrações.

No início do outono de 2008, quando a economia norte-americana estava à beira do abismo e uma instituição financeira após a outra simplesmente virava pó, essa capacidade de se concentrar em questões específicas permitiu a Obama se destacar como o candidato presidencial mais intelectualmente sério. Com os eleitores subitamente à procura de substância, ele não teve o menor problema em corporificar a necessária gravidade, convencendo tanto os especialistas quanto os cidadãos comuns de que, apesar de sua juventude, sabia o que estava fazendo. Assessores se recordam da reunião que ele convocou com Warren Buffett e diversos outros financistas de ponta, no auge da crise. Numa sala lotada de estrelas da economia, Obama rapidamente expôs as questões e, respeitosamente, ainda que com firmeza, tomou as rédeas da conversa.[28]

Esse foco guiou Obama pelos meses restantes da maratona eleitoral. No dia 3 de novembro de 2008, véspera da eleição, ele fez um discurso em Jacksonville, Flórida. "A hora da mudança chegou. O vento da moralidade nos empurra para frente", disse a uma multidão maravilhada. A frase soou poética. Soou também como as palavras de um homem que tinha seu olhar inteiramente focado no prêmio, convencido de que surfava as ondas do destino.

Capítulo 2
Olhar para dentro, agir para fora

Obama diz com frequência que os valores fundamentais de sua mãe, Stanley Ann, moldaram quem ele é e aquilo em que acredita. Ela era, escreveu ele no prefácio à edição de 2004 de *A origem dos meus sonhos*, "o espírito mais gentil e generoso que já conheci",[1] uma mulher que "colecionava amigos de classe alta e de classe baixa, fazia longas caminhadas, contemplava a lua e vasculhava os mercados locais de Nova Délhi ou Marrakesh atrás de alguma miudeza".[2]

A mãe de Stanley Ann, que Obama chamava de Toot, referia-se à filha como uma "liberal à la Adlai Stevenson", alguém que amava com ardor o liberalismo dos tempos do New Deal, convencida de que as ideias fazem mesmo a diferença, firmemente contrária aos atentados contra as liberdades civis desencadeados pelo macarthismo e dedicada a acabar com a discriminação racial nos Estados Unidos. E, em geral, nos escritos sobre ela, essa descrição tem bastado. Afinal, embora Obama seja eloquente em suas declarações de amor filial pela mãe, ele na verdade escreve sobre ela com muito mais parcimônia do que sobre outras pessoas importantes de sua vida. Em suas manifestações públicas, ela permanece uma espécie de enigma, uma mulher notável, uma *globe-trotter* que lutava pela causa da justiça social e do "liberalismo de combate", mas cuja voz jamais foi trazida ao primeiro plano por seu filho talentoso. Ela é, em seus escritos, apenas uma silhueta. Lendo *A origem dos meus sonhos*, ficamos com uma impressão muito mais forte dos traços pessoais idiossincráticos dos avós de Obama, e mesmo de alguns dos amigos de seus avós, do que de Stanley Ann Dunham. Mais tarde, depois de sua morte, amigos disseram que Obama achava simplesmente doloroso demais escrever ou falar em público sobre a mãe. Assim, a imagem que permanece é a da liberal stevensoniana.

Em muitos aspectos, porém, essa parece uma impressão demasiadamente enraizada nos anos 1950 — quando a mãe de Obama ainda era uma garotinha — para fazer justiça à Stanley Ann adulta. Talvez fosse a imagem que Toot, ela própria uma mulher do tempo do New Deal, *quisesse* que as pessoas tivessem da filha, mas não parece um retrato verdadeiramente tridimensional de uma jovem e complexa mulher que teve um filho mestiço quando ainda era uma adolescente, divorciou-se aos vinte e poucos anos, casou-se de novo, rodou meio mundo, acumulou altas honrarias acadêmicas e, ao longo de toda a vida, recusou-se a se curvar às convenções de sua época.

Fotos de Stanley Ann sugerem que ela era uma espécie de hippie ou, no mínimo, uma poeta beat. Era, segundo amigos, um espírito livre, uma andarilha. Para sua filha, Maya, era alguém que transpirava um senso de "humanidade. Tinha coragem suficiente para enxergar nas pessoas o que nelas havia de melhor, nunca acreditando que pudesse haver alguém no mundo que fosse impenetrável, que ela não pudesse influenciar ou tocar de alguma forma. Isso era realmente heroico". Aonde quer que fosse e com quem quer que estivesse, segundo Maya, a mãe conseguia criar comunidades de amigos leais, "pessoas que pensavam de forma parecida, que a amavam e riam com ela".[3] Maya acredita que essa foi uma característica herdada pelo irmão, Barack.

Numa época em que os casamentos interraciais eram raros — carregados de posição política radicais e interpretados por um viés político — e geralmente considerados um alvo legítimo tanto de fofoca maldosa quanto de violência física, Stanley Ann casou-se primeiro com um estudante queniano e depois com um indonésio. Teve um filho com o primeiro e uma filha com o segundo, encorajando as crianças a sentir orgulho de sua herança e a ter visões de mundo abertas. Como disse Obama aos 35 anos, numa entrevista de estúdio a Connie Martinson em Los Angeles, no verão de 1995, durante uma das viagens para o lançamento de seu livro *A origem dos meus sonhos*, ela era "uma defensora da educação afrocêntrica antes de isso virar moda. Porque ela era muito enfática e construiu para mim uma imagem forte do que significava ser africano e afro-americano. Eu deveria me orgulhar dessa herança e dessa cultura".[4] Como antropóloga — sua tese de doutorado versava sobre ferreiros javaneses que usavam ferro-velho para confeccionar utensílios de fazenda e de cozinha —, ela morou anos no exterior, não nos limites afluentes da comunidade norte-americana diplomática ou empresarial, mas como uma indonésia adotiva.[5] E, como alguém que entendia muito de microcrédito, ficava mais à vontade trabalhando com comunidades rurais carentes do que confraternizando com outros expatriados em caros enclaves ocidentais. Gostava de jazz, era espiritualizada, embora não fosse religiosa em nenhum sentido convencional, e gostava de debater política com seus amigos universitários.

Stanley Ann levou Barack com ela para a Indonésia em 1967, o ano do Verão do Amor, quando hippies estavam embarcando em viagens de autodescobrimento para diversas partes do mundo, do Marrocos à Índia. Alguns anos depois, mandou seu filho de volta para o Havaí. Ela e a meia-irmã de Barack, Maya, permaneceram na Indonésia apenas o tempo suficiente para que seu casamento desmoronasse. E então ela também retornou ao Havaí. No entanto, continuou itinerante. Durante boa parte da pré-adolescência e da adolescência de Obama, ela estava viajando, com Maya a reboque; nesse período, Obama morou com os pais de Stanley Ann. Na verdade, dos 16 aos vinte anos, sua mãe morava na Indonésia, e eles se viam apenas no Natal e durante o verão.

Obama era um adolescente meio negro e meio branco, que tinha uma meia-irmã meio asiática que morava a milhares de quilômetros de distância com sua mãe entre artesãos javaneses,[6] além de um monte de meios-irmãos quenianos que nunca chegara a conhecer. Alguns de seus ancestrais eram cristãos, outros eram muçulmanos e outros ainda, animistas. Vivia num pequeno apartamento com seus avós do Kansas num Havaí em que a população era composta sobretudo de brancos, nipo-americanos e nativos.

De todos os estados do país, o Havaí, no tempo de Obama, era o mais multilíngue. Era um estado com maioria não branca e jovem o bastante para não ser atormentado pelos separatismos raciais que afligiam o resto do país nos anos 1960 e 1970; e, por estar a milhares de quilômetros de distância, desenvolvera uma cultura que, embora fosse possível caracterizar como americana, era também bem diferente. Qualquer que fosse a cor de sua pele — branca, parda ou negra — se você morava naquelas ilhas, era antes de tudo um havaiano. E, no entanto, mesmo para os padrões do Havaí, a história de Obama era rara.

De forma nada surpreendente, o filho de Stanley Ann desafiava classificações fáceis.

"Herdei meu nome da África e o sotaque, da minha mãe"

Se *A origem dos meus sonhos* pode ser visto como uma janela acurada para a alma do autor quando adolescente e jovem adulto, Obama se debateu vigorosamente com questões de identidade, percorrendo uma gama de reações à sua complicada história que ia da confusão e da autodestrutividade à raiva, à bravata e ao orgulho. Ele oscilava entre ser conhecido como Barry e responder a seu nome de batismo, Barack, que significa "o abençoado" em árabe e suaíli. (Sua irmã, Maya, a única pessoa ainda viva que viveu com Obama durante sua infância, prolonga o "r" de seu nome e enfatiza exageradamente a segunda sílaba. Nas entrevistas em que fala do irmão, o nome dele soa como "BarrrACK".) Ele deixou crescer um penteado afro. Começou a ler livros e ensaios de Malcolm X. Tentou se reconciliar com a ausência do pai, e depois, em 1982, com sua morte num acidente automobilístico no Quênia — um processo que envolveu uma cuidadosa desmistificação do velho Barack, que Stanley Ann, em sua ausência, tinha erigido num homem de estatura quase majestosa. O jovem também veio a compreender que, por mais que sua mãe e seus avós o amassem, em algum momento da vida ele precisaria descobrir sua identidade sozinho e em seus próprios termos.

Poucos anos depois, quando encontrou o reverendo Alvin Love na primeira igreja batista de Lilydale, na zona sul de Chicago, Obama percebeu que o líder religioso estava meio confuso sobre quem ele era e o que representava. "Ele sentiu alguma reticência de minha parte na primeira vez em que veio à igreja me visitar", recorda Love. "Entrou e disse: 'Meu nome é Obama.' Ele sabia que a primeira coisa a passar pela minha cabeça seria: 'E o sobrenome? Você é um muçulmano? Quem é você e o que você quer de mim?' E ele disse: 'Então, você deve estar imaginando de onde eu tirei esse sotaque esquisito.' O que lançava a questão numa direção diferente. Ele continuou: 'Minha mãe é do Kansas e meu pai, do Quênia. Herdei meu nome da África e o sotaque, da minha mãe.' Fez piada com aquilo. Acabou com minha reserva imediatamente. E eu me senti livre para ir em frente e conversar."

Pouco antes e pouco depois de completar vinte anos, como estudante do Occidental College, em Los Angeles, e em seguida da Universidade de Columbia, em Nova York, Barack Obama havia conseguido moldar uma imagem coerente de negro americano, ainda que com experiências de vida extremamente diferentes das da maioria de seus colegas. Adulto formado, escolheu viver na predominantemente negra zona sul de Chicago em vez de, por exemplo, Lincoln Park ou North Shore; casou-se com uma afro-americana; e cercou-se de um grupo de amigos próximos — Valerie Jarrett, John Rogers, Marty Nesbitt e outros — que eram crias da mesma região. Muitos deles seriam mais tarde despachados para diversos pontos do país, nos estágios iniciais da campanha presidencial de 2008, a fim de convencer líderes afro-americanos céticos de que ele era realmente "negro o bastante", e também de que tinha a capacidade de unir negros e brancos numa nova e vencedora coalizão eleitoral.

O leitor de *A origem dos meus sonhos* fica com a sensação de que uma raiva profunda se avolumava no peito do adolescente e do jovem Obama, em sua luta para descobrir quem ele era, mas também a sensação de que essa raiva se dissipou rapidamente à medida que ele canalizou seus talentos para o trabalho em prol da transformação social. Muito tempo antes de pleitear uma vaga na Escola de Direito de Harvard, esse sentimento já tinha dado lugar a algo mais construtivo, uma compreensão de que o passado nunca determina inteiramente o presente e o futuro, de que sempre há espaço para crescer entre as sombras projetadas pela História. À medida que essa compreensão se fortalecia, começava a florescer o indestrutível sentimento de esperança de Obama.

Por ser seu passado tão difícil de categorizar, por sua identidade ser impermeável a rótulos simples, ele foi, com o tempo, se transformando num personagem capaz de operar sínteses. É meio branco, meio negro, com raízes no Kansas e no Quênia. Cresceu na Indonésia e também no Havaí. Tem familiaridade com a cultura muçulmana da Indonésia, que por sua vez foi marcadamente influenciada pelo budismo e por crenças hindus do subcontinente indiano, mas é membro de uma igreja cristã negra de Chicago. É um urbanófilo que, quando morou na Indonésia, tinha um macaco de estimação, presente de um padrasto que lutara na selva quando servia ao exército de seu país. É um homem inteiramente metropolitano com parentes e meios-irmãos quenianos que vivem em pequenas vilas e comunidades rurais, que ele visitou no início da vida adulta e novamente, vinte anos mais tarde, como um celebrado senador federal — o filho querido voltando à terra de seus ancestrais.

Há algo de quase mitológico nessa história, algo que, como ele repetiu tantas vezes em seus discursos de campanha ao longo de 2008, é profundamente improvável. Sua própria existência desafia códigos sociais e ortodoxias geralmente aceitas. Obama é, sob muitos aspectos, uma diáspora ambulante de um homem só, alguém que não pode ser definido, ou melhor, *confinado* por suas diversas heranças, mas que em vez disso precisa tecê-las — com fios que normalmente não se combinam — numa narrativa coerente de identidade. Ele é, em virtude disso e num grau peculiar, sua própria criação.

As raízes retorcidas e espraiadas sobre as quais repousa a história incomum de Obama praticamente o obrigam a sentir empatia, ou compreensão, pelo resto do mundo. Afinal, ele não é apenas a corporificação do *birracialismo*, mas também do *multiculturalismo* — não no sentido pejorativo da palavra, com suas conotações de que ele não tem eixo ou de que é um amálgama de temas culturais, mas em sentido mais profundo: o de que ele realmente *é* uma pessoa cujas raízes e referências escapam à categorização fácil e à limitação, de que suas origens criam a possibilidade de transcender barreiras culturais. Em seu livro *Kinship: A Family's Journey in Africa and America* [Parentesco: a viagem de uma família pela África e pelos EUA], Philippe Wamba, ele próprio filho de uma afro-americana e de um congolês que se conheceram numa universidade americana nos anos 1960, escreveu que, "embora equilibrar duas culturas no seio da mesma família envolvesse às vezes uma adaptação da identidade para se adequar ao contexto, em alguns aspectos minha família conseguiu se situar na fronteira entre duas comunidades culturais e continentais". Wamba, que estudou em Harvard na mesma época em que Obama estava na Escola de Direito, descobriu que "na união de duas famílias, culturas e nações que meus pais representavam, meus irmãos e eu recebemos uma herança enraizada tanto na África quanto nos Estados Unidos".[7] A história de Obama representa um ato semelhante de equilíbrio.

Criando uma comunidade para chamar de lar

O historiador Douglas Brinkley defende que Teddy Roosevelt, presidente dos EUA nos primeiros anos do século XX, encarava o Oeste americano como um espaço físico onde se poderia curar o trauma da divisão Norte/Sul após a Guerra Civil. Seus textos sobre o Oeste, publicados antes de sua eleição, tentavam criar uma mitologia apropriada dentro da qual se desse a cura nacional. Certo, dois grandes pedaços do país tinham recentemente se engajado numa luta fatal, mas Teddy queria acreditar que os novos estados da fronteira não estavam manchados por tais ódios ancestrais. Eram, portanto, lugares onde a psiquê nacional podia se regenerar.

Brinkley crê que Obama encara sua própria história multilíngue como um equivalente moderno desse espaço regenerativo identificado por Roosevelt: como uma forma de curar ou transcender a divisão entre brancos e negros. E seus escritos e sua oratória funcionam como um Velho Oeste virtual, cerebral, onde essa mesma mitologia de cura e espaço pode ser criada.[8]

Obama cresceu num Havaí emancipado sabendo que era diferente, ouvindo repetidamente de sua mãe que sua diferença o tornava especial. Em *Kinship*, Wamba escreveu sobre sua criação numa comunidade branca de classe média de Massachusetts, num lar em que lhe incutiam o orgulho de ser quem era. O único negro de sua turma na escola, ele era boa praça, tinha capacidade de leitura acima da média e, em virtude disso, era considerado "um mascote que era incentivado a se destacar".[9] Ele poderia ter usado as mesmas palavras para descrever a juventude de Obama.

Depois de passar a adolescência como um dos poucos alunos negros de Punahou, Obama dedicou seus primeiros anos de jovem adulto à busca de suas raízes, ao trabalho de criação de uma história coerente e cativante que pudesse explicar sua ancestralidade e criar uma família tangível, duradoura, a partir de fragmentos. Em grande medida, foi esse o papel desempenhado pela política comunitária e pelo reverendo Jeremiah Wright, da Trinity United Church of Christ. Antes que ele e Michelle tivessem filhos e criassem sua própria família, os companheiros de Obama no movimento comunitário e os membros da igreja eram grupos fortes em que ele podia se escorar, de uma forma que não pudera fazer com seus próprios familiares quando estava crescendo. Instituições como as fundações Gamaliel e Industrial Areas são, como diz Harry Boyte, "um meio, uma cultura".[10] E, como culturas, elas unem os indivíduos que as compõem num todo maior e cheio de sentido.

Na igreja de Jeremiah Wright, Obama absorveu uma versão do cristianismo que ensinava os congregados a se orgulhar de suas heranças raciais e étnicas, a ser quem eram e não tentar se adaptar a modelos pessoais criados por outras culturas e indivíduos ao longo dos séculos. Antes de se tornar um problema para Obama, com seus sermões incendiários repetidos incessantemente nos noticiários noturnos da TV na primavera de 2008, Wright foi um mensageiro de esperança para o jovem. No cristianismo, segundo Wright, a redenção não era algo que se devesse esperar na vida eterna, mas uma realidade viva, uma aspiração política a ser perseguida aqui na terra. Para um homem como Obama, com um passado tão complexo e uma necessidade de encontrar chão para seu senso de identidade, para um homem que tinha passado os primeiros anos de sua vida adulta numa busca contínua de espaços comuns, era uma mensagem empolgante. Tratava-se, em certo sentido, da extensão lógica da mensagem de organização comunitária que ele próprio vinha espalhando desde que deixara a Universidade de Columbia, anos antes.

Mais tarde, a família de sua mulher — estável, de classe média, estruturada de uma forma que sua própria família jamais tinha sido — e, em seguida, suas duas filhas com Michelle passaram a ocupar o papel central que a organização comunitária preenchia anteriormente. Obama estava decidido a ser uma presença significativa na vida das filhas, como seu pai nunca tinha sido na dele. "Quando eu era jovem, pensava que a vida tinha a ver apenas comigo — como eu encontraria um caminho no mundo, como seria bem-sucedido e conseguiria as coisas que queria", escreveu numa carta aberta a Malia e Sasha, publicada na revista *Parade* uma semana antes de sua posse.[11] "Mas aí vocês duas entraram no meu mundo com toda a curiosidade, as travessuras e esses sorrisos que nunca deixam de me fazer transbordar o coração e tornar meu dia mais leve. E, subitamente, todos os meus planos grandiosos para mim mesmo já não pareciam tão importantes. Logo descobri que a maior alegria da minha vida era a alegria que eu via na vida de vocês."

Quando senador federal, Obama voltava a Chicago para fazer churrasco no quintal da casa da família, em Hyde Park, no aniversário de suas filhas. Sempre que sua agenda permitia, levava-as para as aulas de piano ou tênis e para os eventos esportivos da escola. Vivendo num pequeno apartamento em Washington parte da semana, compartilhava com repórteres sua tristeza por passar tanto tempo longe das crianças. E, como candidato à presidência, a mesma ansiedade — aquele sentimento de melancolia por não estar em casa toda noite para pôr as meninas na cama — de vez em quando se fazia presente. Em *A audácia da esperança*, ele conta que, nos primeiros anos, com duas crianças pequenas em casa e uma mulher que se sentia relegada a segundo plano, suas ambições políticas tinham se tornado um problema para seu casamento. Mas naquela época, pelo menos, ele morava no mesmo estado que a família. Poucos anos depois, instalado em Washington, se havia um lado negativo na vida de superestrela que agora era a sua, era o estorvo que isso representava para seu papel de pai.

Michelle Obama manifestou publicamente sua preocupação com o impacto que a candidatura do marido à presidência teria sobre a família. Disse a entrevistadores temer que aquilo pudesse acarretar uma ruptura e que ficava aflita ao pensar como as crianças lidariam com toda a atenção. Mas então, contou ela à revista *Glamour*, imaginava-o sendo eleito e acabava "toda arrepiada".[12]

Barack Obama é, tanto por personalidade quanto por estratégia política, um conciliador, um construtor de sentimentos comunitários. Amigos o chamam de idealista pragmático, moderado radical ou, às vezes, radical moderado. Ele tem ideais, mas aprendeu ao longo da vida que precisa ter outras pessoas ao seu lado se quiser provocar transformações. Absorveu a lição de que o sucesso raramente chega para quem é teimoso ou rígido demais para reconhecer que muitos problemas têm mais de uma solução legítima. É por isso que, quando trabalhava para reformar a legislação concernente à de morte de Illinois, após uma série de escândalos envolvendo tortura cometida por policiais e um grande número de revisões de sentenças de morte, ele fez uma aliança com Edward Petka, parlamentar conservador que, como promotor público em Will County, havia ganhado o apelido de Ed Elétrico por mandar mais pessoas para o corredor da morte do que qualquer outro na história de Illinois. "Barack formulava perguntas tremendas, levando as pessoas ao limite, seguindo a fórmula socrática", recorda o senador estadual republicano Kirk Dillard, que comparecia às reuniões convocadas por Obama no início das manhãs de segunda-feira, enquanto trabalhavam na legislação. "Ele é muito bom em perguntar coisas duras, cutucar as pessoas. Mas quem tem pontos de vista diferentes não se enfurece quando ele as questiona, soterrando-as de perguntas. Essa é uma característica muito boa. Ele é espirituoso. Tem uma natureza agradável, afável. Mas os tipos de pergunta que faz, seu modo de inquirir, isso é tudo menos afável. Ele tem o talento de não se indispor com quem possa estar do lado oposto da questão."[13] Foi por ser firme e ao mesmo tempo conciliador que ele conseguiu unir liberais e conservadores de Springfield para introduzir as primeiras reformas étnicas da política de Illinois em um quarto de século.

No entanto, apesar de sua miríade de amigos e de sua família sólida e modelar, e apesar ainda de sua vigorosa capacidade de unir facções e indivíduos conflitantes, Obama é, em algum nível, um homem isolado. O histórico do presidente torna-o instantaneamente diferente de quase todos os que o cercam. Isso não faz dele um solitário: ele é gregário e charmoso, com um senso de humor fino, apurado e levemente autodepreciativo. Mas transforma-o, sim, em alguém que dificilmente vai se misturar à multidão. Quando jovem, escreveu ele, era assediado pelo "medo constante e paralisador de que, de alguma forma, não pertencesse a lugar algum, e a menos que se recolhesse e ficasse escondido, fingindo ser algo que não era, seria para sempre um forasteiro, com o resto do mundo, brancos e negros, olhando de cima para julgar".[14]

Talvez por sua herança ter conspirado para torná-lo diferente, único, grande parte da história de Obama é uma busca de comunidades. Ele escreve longamente sobre isso em *A audácia da esperança*, retratando a procura permanente de um conjunto comum de valores em torno dos quais forjar uma política mais inclusiva. "Acredito que os democratas erram ao fugir de um debate sobre valores", escreveu o iniciante senador. "Erram tanto quanto aqueles conservadores que encaram os valores apenas como uma ferramenta para tirar trabalhadores da base eleitoral democrata. É a linguagem dos valores que as pessoas usam para delinear seu mundo."[15] E, mesmo assim, ele nunca parece inteiramente integrado a nenhuma comunidade particular. Há um certo caráter inquieto em seus escritos, uma sensação de que pelo menos uma parte dele está sempre pronta, malas feitas, esperando apenas o sinal de que é chegada a hora de partir para a próxima. Um de seus defeitos, escreve, é "uma inquietude crônica; uma incapacidade de aproveitar, por melhores que sejam as situações, aquelas bênçãos que estão bem à minha frente".[16]

A certa altura, Obama chega a descrever um momento de intenso abalo existencial, quando compreendeu que era "profundamente só" na vida.[17] Sua meia-irmã queniana Auma disse a um repórter do jornal britânico *Guardian* que, ao encontrar o jovem Barack pela primeira vez, percebeu que "ele consegue estar numa sala cheia de gente e, ao mesmo tempo, fechado em si".[18] Em outro plano, isso o torna singularmente autossuficiente — "reflexivo", segundo Jerry Kellman —, capaz de caminhar sozinho quando necessário, enfrentar momentos difíceis e aconselhar-se consigo mesmo quando — como no episódio do reverendo Wright, durante a campanha das primárias, em que se viu obrigado a se distanciar de seu velho pastor — não existe um roteiro pré-determinado a seguir.

Bem no início da implosão financeira que iria dominar os últimos meses da campanha eleitoral, o presidente Bush convocou uma reunião de emergência à qual compareceram tanto Obama quanto o candidato republicano John McCain, além de uma imensidão de especialistas financeiros e outros líderes políticos. Nas fotos da reunião, Obama aparece sentado três cadeiras à esquerda do presidente Bush, uma distância considerável a separá-lo dos outros participantes-chave. Suas mãos estão entrelaçadas e em seu rosto se nota uma expressão que não é de alheamento, mas sim de uma certa distância emocional. Essas fotos são dramaticamente diferentes daquelas que foram feitas poucos meses depois, no encontro que reuniu na Casa Branca todos os quatro presidentes vivos: Jimmy Carter, George Bush pai, Bill Clinton e George Bush filho. Nestas, Carter aparece isolado em um canto. O isolamento de Carter denota fracasso; pelo menos em parte, ele está só porque os outros não se esforçaram para transpor o fosso que os separa. A reserva de Obama, ao contrário, tanto nessas fotografias quanto de forma mais geral, parece ser a distância mantida por um sábio, uma separação escolhida por ele e não imposta a ele — uma distância que, paradoxalmente, no fim das contas lhe permite ser um conciliador.

Para Kellman, que um dia foi o mentor de Obama no mundo da organização comunitária, essa qualidade era crucial. Até onde ele consegue se lembrar, Obama sempre foi excelente em promover o encontro de opostos. "A coisa mais importante a seu respeito é o modo como ele lida com a diversidade, como ele lida com o pluralismo. Enxerguei isso desde o início. Ele não era apenas distinto em seu próprio modo de ser, e com um conjunto muito característico de experiências para um jovem quando o encontrei, entrevistei e passei a conhecê-lo, mas era também capaz de lidar com ideias diversas e fazê-las conviver umas com as outras. Mesmo que fossem conceitos opostos, ele conciliava-os. Pluralismo, diversidade, tanto no sentido biológico quanto no das ideias, esse era o ar que Barack respirava. É seu grande dom. Parte disso se deve ao fato de que ele teve que lidar com a forma como as pessoas reagiam a ele por toda a sua vida. Tanto negros quanto brancos reagiam a Barack de um modo que não tem a ver com quem ele realmente é. Sua raça sempre esteve no caminho. Ele teve que navegar pela diversidade e acabou por se tornar talentoso nisso." Observando Obama ao longo dos anos, Kellman percebeu que ele era incrivelmente consistente em seus métodos. "Ele pega pessoas que já deixaram de acreditar que algo diferente seja possível e instila nelas a crença de que algo diferente *é* possível; pega pessoas que discordam umas das outras, e às vezes nem mesmo gostam umas das outras, e as põe para trabalhar juntas."[19]

Diante de uma plateia de fiéis do Partido Democrata, na convenção de Denver em que seu marido foi formalmente indicado como candidato à presidência, Michelle Obama explicou por que estava convencida de que ele seria um presidente competente. "Barack não quer saber de onde você é, qual é a sua história ou a qual partido você pertence, se é que você pertence a algum. Não é assim que ele vê o mundo. Ele sabe que o fio que nos une — nossa crença na promessa americana, nossa dedicação ao futuro de nossas crianças — é suficientemente forte para nos manter unidos como nação mesmo quando discordamos uns dos outros."

Dando um jeito de amarrar os fios soltos de sua vida, transformando uma série de estilhaços numa peça inteiriça, Obama conseguiu forjar uma identidade única. O desafio que ele estende ao público decorre disso: *Se eu posso fazer tal coisa, se consigo fundir Quênia e Kansas, Havaí e Chicago, então com certeza vocês também conseguem.*

Capítulo 3
O sentido da história

Portentoso no fundo da cena, velando pela carreira de Obama enquanto ele escala os degraus do poder, lançando luzes sobre seu senso do que é possível realizar politicamente, está o fantasma de Abraham Lincoln, o "alto, magro e autodidata advogado de Springfield" que foi conjurado como um talismã no discurso de 10 de fevereiro de 2007 em Springfield, quando Obama anunciou sua candidatura à presidência dos Estados Unidos. Ou, para sermos mais precisos, os muitos fantasmas de Lincoln. Há o grande debatedor, o homem que ficou famoso por seus embates de horas contra o senador Douglas, em 1858. Há o pragmático relutante, o líder que odiava a escravidão, mas dedicou boa parte de seu discurso de posse a assegurar aos sulistas que estava disposto a aceitar sua continuidade em nome da salvação da União. Há o mestre da oratória, o autor visionário do Discurso de Gettysburg. E há também o idealista, o tecelão de sonhos do segundo discurso de posse.

Mas os fantasmas de Lincoln nunca permanecem por muito tempo sozinhos em seu posto de sentinelas. Quando Obama fala, as sombras de Frederick Douglass, Franklin Delano Roosevelt, irmãos Kennedy, Martin Luther King e até Ronald Reagan dançam no ar à sua volta. Assim como as de um grande número de outras figuras históricas, americanas ou estrangeiras.

Desde pequeno, Obama adorava estudar história, e, mais tarde, na vida sentiria um prazer imenso em ser considerado ele próprio uma figura histórica. Durante as eleições de 2006, um colega de sua vizinha Jacky Grimshaw, que trabalhava no Center for Neighborhood Technology, produziu um calendário de contagem regressiva para a votação. Atrás da janelinha de cada dia, havia a citação de um personagem histórico famoso. Na janela 17, liam-se algumas palavras de Obama. Grimshaw lhe mostrou o calendário e se lembra de ver seu rosto se iluminar. Ele ficou feliz da vida por estar naquele seleto clube histórico.

Em novembro de 2008, menos de duas semanas após a eleição presidencial, o editor da revista *New Yorker*, David Remnick, escreveu que

Obama e outros negros bem-sucedidos da mesma idade constituíam a Geração Joshua.[1] Eles eram, defendia Remnick, capazes de chegar ao poder num mundo que havia sido modelado e remodelado por camadas e camadas de sacrifícios em décadas e séculos passados. Essa geração tem expectativas ambiciosas — por que não? Acredita, afinal, que os telhados de vidro estão em cacos, o que lhe permite erguer a mão em direção ao céu. Mas ela também tem um tremendo sentimento de dívida, de obrigação com aqueles que vieram antes. É uma geração imbuída de conhecimento histórico e um senso de missão histórica.

Em meados do século XIX, o grande orador e abolicionista Frederick Douglass incitou os Estados Unidos a se olhar mais detidamente no espelho, para ver o que ele chamava de "fraude, decepção, impiedade e hipocrisia" de um povo que, abraçando os artigos da Constituição que proclamavam a liberdade, ao mesmo tempo era tolerante com a existência continuada da escravidão.[2] Ele incitava seus compatriotas a tornar reais as promessas contidas nos documentos de fundação do país. Só assim, dizia às plateias, os negros passariam a ter um interesse no país e a celebrar o Dia da Independência como uma data que também fosse deles. Para a Geração Joshua, essa capacidade de celebrar o país como seu, tão seu quanto de qualquer outro, foi finalmente realizada.

Quando jovem, numa época transformada pelo movimento dos direitos civis, Obama leu e, dizem, foi muito influenciado pela autobiografia de Mahatma Gandhi. Gandhi tinha utilizado a persuasão moral para abalar o Raj e expulsar os ingleses da Índia, convencendo seus conterrâneos de que eles eram capazes de acabar com o colonialismo e se autogovernar. Posicionara-se como alguém que conseguia curar feridas políticas e sociais, um unificador, um homem capaz de transcender as divisões de religião, tribo e casta em seu sonho de libertar a Índia. Obama leu também o teólogo antifascista radical Reinhold Niebuhr, autor da famosa prece: "Deus, concedei-nos a graça de aceitar com serenidade as coisas que não podemos transformar, a coragem de transformar as que podem ser transformadas e a sabedoria de distinguir umas das outras." Obama participava ativamente de campanhas estudantis no Occidental College e na Universidade de Columbia contra o governo do apartheid sul-africano — e, presume-se, familiarizando-se com as palavras de Nelson Mandela nesse processo.

Em *A origem dos meus sonhos*, Obama detalha sua fascinação pós-adolescente com as ideias de Malcolm X, num momento da vida em que flertava com o nacionalismo negro e deliberadamente moldava sua personalidade para se parecer com os autoproclamados revolucionários dos movimentos estudantis dos anos 1960, meia geração antes.

Mais tarde, em Chicago, seus professores de organização comunitária mergulharam-no numa história popular que era geralmente esquecida. Em busca de modelos, estudavam o que ativistas radicais haviam feito no Tennessee apalachiano nos piores tempos da Grande Depressão, quando criaram um centro de treinamento em regime de internato para negros e brancos, conhecido como a Escola Highlander. Seu fundador, Myles Horton, queria que a escola fosse um local em que jovens de ambos os sexos aprendessem a organizar a luta por melhores condições de trabalho, moradia a preços razoáveis e assim por diante. Estudaram a história de vida da pioneira afro-americana dos direitos civis Ella Baker, que fundou diversas "escolas de cidadania" nos Estados Unidos do pós-guerra, primeiro nas ilhas que pontilham a costa da Carolina do Sul, depois por todo o Sul. Nessas escolas, jovens de ambos os sexos aprendiam não apenas a importância de votar, mas, de forma mais geral, o poder transformador que poderiam exercer por meio da ampla participação civil, fazendo suas vozes serem ouvidas. E estudaram também o trabalho corajoso de Bob Moses e outros jovens ativistas do Comitê Estudantil de Coordenação Não Violenta, que se meteram nas áreas mais turbulentas do Mississippi rural no início dos anos 1960 para viver em comunidades negras e pobres e promover o registro eleitoral das pessoas — primeiro uma ou duas, depois centenas e, no fim das contas, centenas de milhares.

"Sempre que você quiser fazer algo com alguém, a primeira coisa que precisa fazer é estabelecer um laço pessoal. Você precisa descobrir quem é a pessoa com quem está trabalhando", disse Moses ao professor Charles Payne, da Universidade de Chicago, quando Payne fazia pesquisas para seu livro *I've Got the Light of Freedom* [Eu tenho a luz da liberdade].[3] A transformação tinha que vir, acreditavam Moses e outros ativistas, de baixo para cima.

Jacky Grimshaw acha provável que seu vizinho famoso tenha sido influenciado também pelas ações e pelo pensamento do papa João XXIII, o homem que introduziu o Vaticano II nos anos 1960. O papa era um personagem transformador, um líder que tornou a Igreja Católica uma instituição muito mais inclusiva e democrática — que, para mencionar um exemplo, permitiu que as missas fossem rezadas em línguas laicas em vez de apenas em latim — do que ela jamais fora.

Embora Obama seja fascinado por líderes transformadores — segundo um de seus amigos próximos, é partidário da teoria do Grande Homem, concepção da história segundo a qual indivíduos fortes e carismáticos podem ditar os rumos de países e civilizações —, é o *embate* de ideias e ações que lhe interessa especialmente. Lendo os escritos de Obama, estamos claramente diante das palavras de um homem que adora se engalfinhar com teorias sociais, mas que, ao mesmo tempo, compreende a fragilidade das ideias e dos sistemas sociais baseados nelas. Como muitos bons estudantes de história, entende que os líderes precisam demonstrar flexibilidade para encarar períodos de instabilidade. Em seu livro de 2006, *A audácia da esperança*, Obama escreveu que "talvez seja a visão dos Fundadores que nos inspire, mas foi seu realismo, seu espírito prático, sua flexibilidade e sua curiosidade que garantiram a sobrevivência da União".[4] Grandes homens fazem a história, mas ao mesmo tempo são feitos por ela. Sonham, mas também sabem pôr os pés no chão e a mão na massa.

Os Estados Unidos, para Obama, são uma experiência maravilhosa, algo que merece nossa admiração e não a indiferença com que encaramos o que sempre esteve lá. "No cerne da experiência americana encontra-se um conjunto de valores que continua a agitar nossa consciência coletiva; um conjunto comum de valores que nos une apesar de nossas diferenças;

um fio de esperança que faz funcionar nossa improvável experiência democrática", escreveu ele em *A audácia da esperança*.[5] No entanto, ele é ao mesmo tempo perfeitamente consciente dos momentos em que o país — tanto seus líderes quanto sua população — se afastou de seus ideais. "A autoconfiança e a independência podem se transformar em egoísmo e licenciosidade, a ambição em ganância e num desejo frenético de ter sucesso a qualquer custo. Mais de uma vez em nossa história, vimos o patriotismo virar chauvinismo, xenofobia, abafando o dissenso; vimos a fé se calcificar em puritanismo, estreiteza mental e crueldade com os outros."[6]

Poucos políticos ousariam colocar uma análise tão crítica em letra impressa para consumo público. Contudo, a crítica é sempre temperada por um sentido de possibilidade. Escrevendo para suas filhas na carta aberta publicada pela revista *Parade*, Obama disse o seguinte sobre sua avó Toot: "Ela me ajudou a entender que os Estados Unidos são grandes não por serem perfeitos, mas porque sempre podem ser melhorados — e que o trabalho inacabado de aperfeiçoar nossa união recai sobre cada um de nós."[7]

Em suas memórias, percebe-se um homem que compreende a história humana como uma série contínua de jornadas, de aventuras; uma saga de indivíduos e culturas em busca de sentido, procurando deixar sua marca no mundo como forma de driblar seus próprios temores de irrelevância. Em alguns momentos, há algo quase quixotesco em sua compreensão da condição humana. "Pode ser que, uma vez despida de racionalizações, a questão sempre tenha se resumido a uma simples fuga", escreveu ele.[8] "Fuga da pobreza, do tédio, do crime ou do confinamento em sua própria pele."

O passado nunca passa de fato

Na qualidade de sua prosa, na facilidade com que mobiliza referências históricas e na capacidade de apresentar uma história humana velha de milênios como algo vivo e pulsante, Obama tem sido frequentemente comparado a John F. Kennedy. "Kennedy gostava de enfeitar seus discursos com citações da maior variedade possível de fontes", escreveu o conselheiro e principal redator de discursos do 35º presidente, Ted Sorensen, em seu livro *Counselor* [Conselheiro].[9] "Hemingway, Shaw, Aristóteles, Sócrates, Péricles, Demóstenes, Sólon e Píndaro."

Quase meio século depois, Sorensen recomendou vivamente seu próprio pesquisador principal, Adam Frankel, a Barack Obama, que contratou o jovem como seu segundo redator de discursos, auxiliar de Jon Favreau, que escreve pronunciamentos políticos — primeiro para John Kerry, depois para Obama — desde que se formou no College of the Holy Cross, em 2003.

Sorensen sempre disse que conseguia escrever discursos tão fortes para Kennedy porque pensava como ele; sabia o que Kennedy queria dizer praticamente por instinto, quase mesmo antes do próprio Kennedy. O mesmo se aplica a Obama e Favreau, uma parelha presidente-redator que provavelmente será estudada por décadas. Os dois conversam com regularidade — antes de Favreau escrever discursos importantes, durante sua redação e depois que o primeiro rascunho é apresentado.

Mas os melhores redatores de discursos do mundo não conseguiriam fazer Obama falar em público com a postura altiva e a convicção que exibe. Basta pensar na apresentação lamentável que George W. Bush fazia das palavras de seu talentoso redator, Michael Gerson. Em parte, sua oratória ressoa tanto porque, como John Kennedy e Winston Churchill, Obama frequentemente escreve os próprios discursos — inclusive a apresentação que o projetou, na Convenção Nacional Democrata de 2004, e o sermão sobre a questão racial americana de quase quatro anos depois, na Filadélfia. Assim como Churchill, que era famoso por ligar para seus secretários nas primeiras horas da madrugada para ditar seus discursos, Obama trabalha até tarde da noite, escrevendo e reescrevendo, até que as palavras expressem com perfeição os pensamentos que se entrechocam em sua cabeça.

Favreau sabe de que referências históricas Obama gosta, tem segurança sobre em quais fontes garimpá-las e conhece o tom que ele procura atingir em sua oratória. E seu chefe, como Kennedy antes dele, tem à sua disposição o aparato intelectual e as referências culturais necessárias para fazer ajustes finos num discurso que já está bom, a fim de adequá-lo perfeitamente às necessidades do momento.

Obama, que pertenceu a um clube literário na escola de Punahou, no qual rascunhou poemas (considerados de qualidade medíocre) e contos, declarou à revista *Rolling Stone* ser fã de Toni Morrison, das tragédias de William Shakespeare e de Ernest Hemingway.[10] Em outras publicações, já foi citado dizendo que admira livros de autores como Alexander Soljenitsin, Herman Melville, Ralph Waldo Emerson, W.E.B. DuBois, Graham Greene, Doris Lessing, John Steinbeck, E.L. Doctorow, Philip Roth e Studs Terkel.[11]

A imensa maioria dos escritores favoritos de Obama são realistas, com textos enraizados na experiência, nas verdades duras da vida, e não em escapismo ou fantasia. Muitos dos temas sobre os quais esses homens e mulheres escreveram — dificuldades financeiras, superação de obstáculos, corrupção e intriga, desigualdade, guerra, dever — são aqueles que, na arena política, há muito fascinam Obama. Lendo Soljenitsin ou Steinbeck — ou, a propósito, o épico de Hemingway sobre a Guerra Civil Espanhola, *Por quem os sinos dobram* —, ficamos frente a frente com grandes dramas históricos, contados por meio de experiências individuais. Estamos lendo as narrativas de pessoas do dia a dia contra um fundo maior. Para Obama, organizador comunitário que passou toda uma vida ouvindo histórias e construindo uma carreira política parcialmente baseada em seu próprio talento narrativo, tais textos são especialmente evocativos.

Como JFK, diz Richard Donohue, ex-auxiliar de Kennedy, Obama é um homem que consegue "pintar cenas com palavras na mente dos outros", usando a linguagem para levar o público a visualizar os eventos e os sonhos de que fala.[12]

Tudo isso representa um contraste violento com muitos políticos contemporâneos. John McCain, candidato republicano à presidência em 2008, talvez tivesse um conhecimento agudo de história militar, mas sua visão mais ampla da história era tristemente escassa. Quanto à candidata do partido à vice-presidência, a governadora do Alasca Sarah Palin, sua concepção de história parecia tão profunda quanto a de política internacional, que se tornou objeto de piadas nos programas de entrevista televisivos depois que ela declarou estar capacitada para lidar com líderes estrangeiros porque os habitantes de certas ilhas do Alasca enxergavam a Rússia de seus quintais.

O que tornava mais extraordinária a ignorância de Palin era o fato de o Partido Republicano tentar apresentar essa característica como um trunfo, transformando a candidata numa porta-voz do joão-ninguém, em contraste com o suposto elitismo de Obama. Segundo tal roteiro, o saber era coisa de intelectuais, não de líderes políticos. Pior ainda, compreender as nuances da história era, de alguma forma, antiamericano. Sob diversos aspectos, era a mesma visão política descrita meio século antes pelo cientista político Richard Hofstadter como "estilo paranoico". No século XIX, tal estilo havia gerado o movimento anti-imigração que se autoproclamava Sabe-Nada. Nos anos 1950, levara ao macarthismo. Desta vez, porém, não funcionou. Os eleitores pareciam sedentos por uma liderança que não os tratasse com condescendência. Obama floresceu, trazendo consigo uma abordagem da história e da política que era mais cerebral, menos baseada em slogans, e temperando seus discursos com referências históricas e imagens extraídas do passado norte-americano.

No Grant Park de Chicago, na noite de sua vitória eleitoral, Obama falou para uma vasta multidão de partidários entusiásticos. A nação, declarou, precisava ser remodelada, e essa tarefa seria cumprida não apenas por uma nova administração, mas por uma população motivada, "da única forma que tem sido feito nos Estados Unidos por 221 anos — pedra por pedra, tijolo por tijolo, mão calejada por mão calejada".

Dois dias antes de Obama prestar juramento como presidente, centenas de milhares de pessoas se reuniram no Lincoln Memorial para assistir ao show pré-posse. Nos imensos telões que ladeavam a praça a leste e a oeste, eram projetadas imagens de norte-americanos comuns em seus ambientes de trabalho em todo o país. Os monumentos grandiosos plantados no centro de Washington representavam — disse à multidão o vice-presidente eleito, Joe Biden — "a imponência de uma grande nação". E, frisou ele, todos "foram construídos pedra a pedra por homens e mulheres americanos".

No dia da posse, Obama abordou os temas do sacrifício e do dever. "Vamos guardar este dia na memória", disse a uma audiência planetária. "Memória de quem somos e de quão longe chegamos. No ano em que os Estados Unidos nasceram, no mais frio dos meses, um pequeno grupo de patriotas se reuniu em torno de restos de fogueiras às margens de um rio gelado. A capital estava abandonada. O inimigo avançava. A neve tingia-se de sangue. No momento em que o futuro de nossa revolução foi mais duvidoso, o pai de nossa nação mandou que lessem estas palavras ao povo: 'Digam ao mundo do futuro... que nas profundezas do inverno, quando nada além da esperança e da virtude podiam sobreviver... a cidade e o país, alarmados por um perigo comum, apresentaram-se para enfrentá-lo.' América, diante de nossos perigos comuns, no inverno de nossas agruras, recordemos essas palavras atemporais. Com esperança e virtude, vamos enfrentar mais uma vez as correntezas geladas e suportar qualquer tempestade que vier."

Então ele engatou uma homenagem aos trabalhadores norte-americanos. "Por nós", declarou, "eles [as gerações passadas] mourejaram em fábricas insalubres e colonizaram o Oeste; suportaram os golpes da chibata e araram a terra dura."

Logo após o discurso de Obama, a professora de Yale e poeta Elizabeth Alexander, de 46 anos, nascida no Harlem, subiu ao palanque para ler "Praise Song for the Day" [Louvação do dia], poema que lhe fora especialmente encomendado em torno de um tema do Discurso de Gettysburg, de Lincoln: "Esta nação, com a bênção de Deus, há de ver o renascimento da liberdade — e o governo do povo, pelo povo e para o povo não perecerá na terra."

Era uma rara honra. Apenas em três ocasiões anteriores poetas haviam sido convidados a ler seus trabalhos em cerimônias do gênero: em 1961, Robert Frost fez uma leitura na posse de Kennedy; e, em 1993 e 1997, as posses de Bill Clinton contaram com as palavras de Maya Angelou e Miller Williams.

"Louvação da luta, louvação do dia./ Louvação de cada mensagem escrita à mão,/ e decifrada em mesas de cozinha", entoou Elizabeth. "Nós nos encontramos em palavras, palavras/ espinhosas ou suaves, em sussurros ou declamações."

Os versos da poeta de Yale, ao delinear a importância dos problemas rotineiros, das pequenas dores e prazeres, dos amores e desamores que compõem o dia a dia, combinavam bem com o tema da cerimônia de posse: o de que ali estava um novo país, uma administração que saberia ouvir as vozes de homens, mulheres e crianças comuns.

Era um lembrete cuidadosamente ensaiado que se enviava à audiência global: o de que, historicamente, os Estados Unidos sempre foram um país tornado grande pela gente miúda. Sua história só pode ser contada quando se procura abaixo da superfície pelas narrativas esquecidas de incontáveis milhões de pessoas "comuns". Se os anos de Bush tinham se caracterizado por uma certa amnésia histórica, os de Obama seriam — o tom da posse deixava claro — emoldurados por um poderoso e inclusivo sentido de história.

Para o experiente ativista e historiador Harry Boyte, não havia nada de acidental naquela imagística sobre a "soberania do trabalho". Tratava-se, acreditava ele, de "uma compreensão particular sobre a história americana. Uma das interpretações da narrativa americana é que nossa sociedade foi construída por pessoas comuns, pelo trabalho de pessoas comuns, a maioria silenciosa, numa miríade de formas e cenários. Assim, ao erguer cidades e comunidades, escolas e feiras, bibliotecas e outros bens públicos — o patrimônio comum —, à medida que iam progredindo, as pessoas, em certo sentido, transformaram-se elas próprias num patrimônio comum de cidadãos. Ou seja, um potente tema de trabalho". Segundo Boyte, era cuidadosamente reminiscente de Franklin Roosevelt enfatizar, num momento em que muitos milhões estavam desempregados, que os trabalhadores comuns constituíam "o gênio dos Estados Unidos".[13]

"Como uma política de promoção do serviço público pode estimular cidadãos que trabalham na área de saúde, professores, religiosos, comerciantes, líderes sindicais, servidores civis e muitos outros a trabalhar *com* seus concidadãos, em vez de sobre eles?", perguntaram Boyte e Carmen Sirianni, diretora de pesquisa sobre nova cidadania da Universidade Brandeis, num texto interno de política pública da campanha de Obama, no verão de 2008 — texto aprovado pessoalmente pelo candidato.[14] "O serviço público é um esforço contínuo feito por um grupo heterogêneo de pessoas comuns que desenvolvem a habilidade de trabalhar por cima das diferenças para criar coisas de valor cívico duradouro."

Faça-me fazer

Ter um tesouro de conhecimento histórico na ponta da língua tem suas vantagens. Significa pronto acesso a um arquivo mental cheio de riquezas da história mundial e das ideias de seus maiores pensadores. Mas, no caso de Obama, a questão vai além. Ele não se limita a ter uma boa memória para datas históricas ou curiosidades, ou a saber os nomes de alguns historiadores importantes com base em citações retiradas de bons livros, como *Team of Rivals* [Equipe de rivais], de Doris Kearns Goodwin, ou *Parting the Waters* [Dividindo as águas], de Taylor Branch. Mais do que isso, ele aborda os eventos contemporâneos tentando situá-los historicamente — compreendendo suas raízes, suas semelhanças e diferenças em relação aos eventos do passado, seu impacto provável no futuro. "Nesta terra, um lugar não é tão diferente assim do outro — e sabe-se que cada momento carrega em si o que veio antes", escreve Obama na parte final de *A origem dos meus sonhos.*[15]

Durante a campanha eleitoral, um de seus partidários perguntou-lhe se ele conseguiria patrocinar um acordo de paz no Oriente Médio. "Faça-me fazer isso", ele teria respondido, ecoando o conselho de Franklin Roosevelt a A. Phillip Randolph, um dos grandes líderes sindicais do pré-guerra, quando Randolph lhe cobrava maior proteção aos direitos dos trabalhadores do país.[16] Obama tem a ambição de mudar o mundo, mas sabe, por tudo o que estudou a respeito do passado, que um presidente só é bem-sucedido em promover transformações quando sua base de apoio mantém a pressão por mudanças, em vez de esperar sentada que ele faça tudo sozinho.

Obama disse a uma plateia de graduandos no Knox College, em Galesburg, Illinois, em junho de 2005, que os Estados Unidos surgiram como um "lugar onde o destino não era um ponto de chegada, mas uma jornada a ser compartilhada, moldada e refeita por pessoas que tivessem a ousadia, a temeridade de acreditar que, contra todas as probabilidades, conseguiriam formar 'uma união mais perfeita' nesta nova fronteira".[17] Nesse contexto, ele claramente se vê como um predestinado, alguém que tem a capacidade de alterar profundamente a história, dirigindo aquela "jornada compartilhada" em vez de ser simplesmente levado por ela. "Os Estados Unidos", disse aos estudantes, "são uma terra de grandes sonhadores e de grandes esperanças. É essa esperança que nos amparou na revolução e na guerra civil, na depressão e na guerra mundial, na luta por direitos civis e sociais e à beira de uma crise nuclear. E é por causa dos nossos sonhos que saímos de cada desafio mais unidos, mais prósperos e mais admirados do que antes."

Obama já declarou em muitas conversas que não basta apenas ser presidente, é preciso tentar ser um "grande presidente". E isso, presumivelmente, significa deixar sua marca na história. Diferentemente de Karl Rove, porém, que acreditou que a história poderia se curvar inteiramente aos caprichos de um país ou de um indivíduo, Obama compreende que a marcha da história é um ato permanente de equilíbrio, um jogo complexo de perde-ganha. "Há um ditado: 'Chega uma hora em que o momento o alcança'", explica o reverendo Robert C. Jones, outro dos amigos e conselheiros políticos informais de Obama. "'E nessa hora você tem o direito de alcançá-lo também.'"

É a capacidade de ler as tendências históricas que deu a Obama o que parecia ser um perfeito sentido de *timing* político nos anos que se seguiram à sua tentativa malsucedida de tomar o lugar do congressista Bobby Rush numa eleição primária do Partido Democrata em 2000. Essa eleição (discutida adiante neste livro) foi a única derrota sofrida por Obama nas mãos dos eleitores. Nos anos seguintes, ele aperfeiçoou sua antena política e aprendeu a decifrar de modo cristalino o estado de espírito do eleitorado. Obama acreditava — primeiro na campanha eleitoral de 2004 e, mais tarde, durante os longos meses em que considerou entrar na disputa presidencial — que tinha uma chance de quebrar o padrão da política tradicional. "Ele sempre sentiu, quando examinávamos o modo como as coisas eram feitas politicamente entre democratas, republicanos e independentes, que simplesmente tinha de haver um jeito melhor. Aquela polarização não precisava existir. Alguém poderia se apresentar para unir as pessoas e seguir em frente", explica Jones. Em 2004, Obama já sentia que tal pessoa era ele, que os astros começavam a se alinhar para uma transformação política fundamental e que ele tinha o potencial de promover uma espécie de cura dos males nacionais e internacionais. A extraordinária resposta obtida por seu discurso na Convenção Nacional Democrata, naquele verão, apenas ancorou sua já forte sensação de ter sido convocado pelo destino. "A melhor possibilidade seria ele", Jones crê que seu amigo concluiu então. "E a melhor possibilidade seria já."[18]

Quando a presidência de Bush implodiu, poucos anos depois, a sensação se intensificou. Obama acreditava naquilo que, tomando emprestada a frase de seu herói Martin Luther King, chamava de "a feroz urgência do agora". O país se defrontava com tantos problemas, de tamanha amplitude e profundidade, que os paradigmas normais já não se aplicariam. Num momento assim, um negro com um último sobrenome que rimava com o do inimigo público número 1 do país, além de um nome do meio que era o mesmo de seu inimigo público número 2, poderia, por mais improvável que tal cenário pudesse parecer, eleger-se presidente dos Estados Unidos.

A história nunca fica parada

A interpretação que Obama faz da história é a de uma narrativa em que prevalece o progresso. Trata-se, diz Ted Sorensen, da saga de implementação gradual de um estado de "paz e justiça",[19] na qual a humanidade está em perpétuo movimento, apesar dos espasmos e sobressaltos, em direção a uma condição de maior liberdade e melhor realização de seu potencial. Se Richard Nixon era o Maquiavel americano, Obama, por sua compreensão das aspirações humanas, parece-se mais com Tom Paine, autor de *Os direitos do homem*.

Nesse sentido, Obama é um clássico pensador do Iluminismo. Ele acredita na noção de progresso — a "preciosa viagem em direção àquele horizonte distante", como disse em seu discurso no Knox College. E acredita no uso do poder por um governo racional, em parceria com cidadãos a quem se delegue poder, para conduzir a sociedade à frente naquilo que Martin Luther King batizou de "amplo arco da justiça".

"Eu sei que estes são tempos difíceis para os Estados Unidos", disse Obama à multidão em Canton, Ohio, num discurso que, proferido uma semana antes da eleição, foi rotulado como seu "recado final" aos eleitores. "Mas sei também que já enfrentamos tempos difíceis antes. A história norte-americana nunca foi de conquistas fáceis — foi uma história de enfrentamento de momentos duros. De contemplar o topo da montanha mais alta do mais fundo dos vales. De rejeição ao medo e à divisão, em nome da unidade de propósitos. Foi assim que superamos a guerra e a Depressão. Foi assim que vencemos grandes batalhas pelos direitos civis, pelos direitos da mulher e pelos direitos dos trabalhadores. E é assim que vamos sair desta crise, mais fortes e prósperos do que éramos antes — como uma só nação, um só povo."

Para Heather Booth, experiente ativista no campo das reformas sociais e ex-diretora da campanha da AFL-CIO pela reforma do serviço de saúde, que conheceu Barack Obama durante seu trabalho de registro de novos eleitores em Chicago no início dos anos 1990, a entrada em cena do político de Illinois representou um momento histórico extraordinário. Lembrou-lhe, disse ela, um trecho do poema *Doubletake*, de Seamus Heaney, que diz: "uma vez na vida/ a ansiada maré alta/ da justiça pode chegar/ rimando esperança e história."[20]

Obama pensa no poder como um jogo de bola em que esta é interceptada por diferentes países em diferentes momentos da história. Ninguém tem a bola para sempre, e nenhuma nação pode conservar o domínio militar durante um período de prolongado declínio econômico ou crescente desigualdade econômica. Como John Kennedy, que fez o alerta de que a prosperidade de poucos não podia ser assegurada quando muitos eram deixados à pobreza e ao abandono, Obama declarou em seu discurso de posse que "uma nação não pode prosperar por muito tempo quando favorece apenas os prósperos". Os países crescem, acredita o presidente, quando a prosperidade é amplamente distribuída; da mesma forma, entram em declínio quando seus sistemas de proteção não conseguem amparar as pessoas vulneráveis, tanto do lado de dentro quanto do lado de fora de suas fronteiras.

Com George W. Bush, os Estados Unidos tinham passado a ser vistos por muita gente em todo o mundo, e por um crescente número de norte-americanos também, como um império feio; um país preocupado principalmente com a riqueza material; um lugar de extremismo religioso crescente, dogmas anticientíficos e arrogância militar. Os Estados Unidos passaram a ser encarados com muita frequência como um país que tinha sua cabeça coletiva enfiada na areia, ressentido com a opinião dos outros e incapaz, ou sem vontade, de navegar as complexas correntes culturais do momento. Um país governado por pessoas que, quando veio a hora da verdade nos anos seguintes ao 11 de Setembro, defenderam a tortura e adotaram políticas implacáveis em questões que iam do meio ambiente ao serviço de saúde, da guerra às relações internacionais. Pior ainda, um país cujos líderes compartilhavam da filosofia de que os Estados Unidos já não eram um mero ator no drama da história, mas, em vez disso, seu único autor. Ou a grande saga da história humana tinha chegado ao fim segundo os termos norte-americanos — como na famosa tese pós-1989 de Francis Fukuyama sobre o "fim da história" — ou seria definitivamente remodelada segundo sua imagem. "Somos um império agora", disse um importante auxiliar de Bush, que muita gente supõe ser Karl Rove, na esteira da invasão do Iraque. "Quando agimos, criamos nossa própria realidade. E, enquanto você estiver estudando essa realidade — cuidadosamente, se quiser —, agiremos novamente, criando outras novas realidades."[21]

Ambas as teorias envolviam uma espantosa miopia, a suposição de que o mundo simplesmente ficaria parado enquanto os Estados Unidos congelassem sua supremacia. Se o país não fosse tão poderoso, teria sido motivo de piada; por ser tão forte, tão dominante no palco global, sua arrogância se tornou o foco de uma crescente repulsa internacional. Informações do Pew Research Center detalharam o modo como maiorias sólidas em países anteriormente pró-americanos, como a Alemanha, passaram a ter uma visão desfavorável do país de George Bush. No mundo muçulmano, os índices de aprovação dos Estados Unidos, em certos países, minguaram para a casa de um dígito.

Para Obama, a forma como a administração Bush interagia com o resto do mundo parecia fatalmente comprometida. Seu histórico familiar ímpar lhe permitia reivindicar raízes e conexões na América, na África, na Ásia e na Europa, e, à procura de sua identidade no início da idade adulta, ele havia viajado o mundo e investido anos na compreensão do lugar que ocupava — e do lugar que seu país ocupava — nesse mundo. Havia refletido longa e seriamente sobre como os Estados Unidos deveriam projetar seu extraordinário poder no século XXI.

Obama não era de modo algum um isolacionista: sua política externa ideal estava mais perto daquela de sua conselheira, a professora de Harvard Samantha Powers — que acreditava numa postura fundada no respeito aos direitos humanos e no imperativo de usar o poder norte-americano para impedir o genocídio em regiões como Darfur —, do que da dos construtores de império neoconservadores dos primeiros anos do século. Instintivamente, ele se aproximava mais do ponto de vista de Franklin Roosevelt — que articulou sua defesa de uma intervenção contra o fascismo delineando as "quatro liberdades" que as armas e as alianças militares deveriam apoiar, a "ordem moral" no coração da história norte-americana.[22] Sentia-se mais confortável com o lado idealista da política externa norte-americana, representado, por exemplo, pelos Peace Corps de John F. Kennedy, do que com a política truculenta de Bush e Cheney. Powers, autora de *A Problem from Hell: America and the Age of Genocide* [Um problema dos infernos: os Estados Unidos e a era do genocídio], declarou o seguinte a Ben Wallace-Wells, da revista *Rolling Stone*, no início de 2007: "Ele não se sente constrangido pelos limites do poder, (...) mas sabe que é preciso compreender esses limites a fim de transcendê-los."[23]

O Obama maduro ainda está em boa sintonia com o jovem Obama, cuja monografia de conclusão de graduação em Columbia tratava do desarmamento nuclear. Como líder mundial, ele parece disposto a endossar uma doutrina militar americana assertiva, mas apenas como parte de uma estratégia muito mais ampla de construção de alianças e conquista de corações e mentes. "Aqueles que se aferram ao poder por meio da corrupção, da fraude e do silenciamento do dissenso saibam que estão do lado errado da história", declarou Obama em seu discurso de posse. "Mas nós lhes estenderemos a mão se estiverem dispostos a afrouxar o punho." Com duas semanas de mandato, sua administração anunciou que os Estados Unidos e a Rússia se sentariam para negociar reduções substanciais nos arsenais nucleares dos dois países.

Os Estados Unidos só permaneceriam fortes, pensava Obama, enquanto o mundo reverenciasse os ideais norte-americanos; enquanto boa parte do mundo *quisesse* os Estados Unidos como seu anjo da guarda. E acabariam por fracassar se — como a agora defunta URSS — se cercassem de estados-satélites hostis e povos dependentes, que os respeitassem não por algum tipo de simpatia ideológica, mas simplesmente por medo. No prefácio que escreveu para a edição de 2004 de *A origem dos meus sonhos*, Obama falou dos perigos de um mundo em que as disparidades econômicas aumentavam e onde os ricos ignoravam o desespero dos pobres ou, "quando a desordem transborda dos limites que lhes são prescritos, recorrem a um emprego irrefletido e constante da força, de penas de prisão mais longas e de equipamento militar mais sofisticado... Eu sei que o endurecimento das posições, a adoção do fundamentalismo e do tribalismo, nos condenaria a todos".[24] Em *A audácia da esperança*, Obama escreveu: "Houve ocasiões em que a política externa americana enxergou longe, atendendo simultaneamente a nossos interesses, a nossos ideais e aos interesses de outras nações. Em outros momentos, a política americana foi equivocada, baseada em pressupostos falsos que ignoram as aspirações legítimas de outros povos, minam nossa própria credibilidade e contribuem para tornar o mundo um lugar mais perigoso."[25]

A juventude do pai do presidente Obama, também chamado Barack Obama, coincidiu com os últimos anos do domínio colonial britânico no Quênia. Sua história estava inextricavelmente entrelaçada com a do colapso de um sistema e com o confuso nascimento de outro. Ele era um tecnocrata educado em universidades ocidentais de elite para desempenhar um papel na administração de um país recém-liberto; no entanto, era também um homem da etnia luo que estava do lado errado das sérias divisões internas surgidas naquele novo sistema de governo. Homem de inteligência brilhante, acabou derrubado por sua própria determinação de não compactuar com personagens que acreditava serem estúpidos ou corruptos — ou ambos. Quando buscou o legado de seu pai, Obama descobriu a história de um homem que havia passado longos anos numa espécie de purgatório doméstico, impedido de chegar às posições mais altas para as quais seu talento o qualificava, muitas vezes reduzido a condições humilhantes de pobreza.

Imerso, quando estava crescendo, em suas lendas familiares — sobre os primeiros encontros de seu avô com os europeus, sobre a derrocada das hierarquias locais e das certezas ancestrais trazidas pelo colonialismo, sobre a disputa pelo poder que seu pai testemunhou após o fim do império britânico —, Obama compreende a rapidez com que estruturas de governo aparentemente sólidas podem desmoronar. Conhece de modo visceral a natureza finita dos impérios, as histórias de esperança — e também de aflição — que se desenrolam enquanto países ascendem e decaem. Obama entende, de uma forma que talvez poucos presidentes modernos entendam, a fragilidade dos sistemas sociais e também dos indivíduos apanhados nas malhas da história.

"Como sabe a Inglaterra, toda potência dominante parece invencível por algum tempo, mas, na verdade, é transitória. A questão é: o que você deixa de herança?" Foi o que o então primeiro-ministro Tony Blair perguntou à plateia em seu histórico discurso para as duas casas do Congresso, em Washington, no dia 17 de julho de 2003. É uma questão que Obama — agora no topo do poder num país que tem no palco mundial um papel semelhante ao desempenhado pela Inglaterra em suas últimas décadas de dominação — vem tentando responder ao longo de toda a sua carreira política. *Como exercer sabiamente o poder? Como aproveitar as efêmeras janelas de oportunidade abertas por esse poder para criar um país e um mundo melhores?*

Naturalmente, para que pudesse sequer chegar a fazer a si mesmo tais perguntas, Obama precisou ter uma considerável confiança em suas próprias habilidades para, em primeiro lugar, conquistar o poder e então canalizar as energias do país para a perseguição de suas visões de progresso.

Capítulo 4
Autoconfiança

Em 1997, não muito tempo depois de chegar a Springfield como senador estadual, Barack Obama foi procurado por um colega muito mais velho, um irascível irlandês-americano chamado Denny Jacobs. Jacobs, que gostava do poder de choque que conseguia imprimir às suas palavras, comprazeu-se em dizer ao calouro que Springfield não era o seu lugar. Obama ficou abismado, até mesmo furioso. *Seria uma ofensa racista? Aquele homem estaria querendo brigar com ele?* Não, não, Jabobs tranquilizou-o, maliciosamente feliz com o impacto de suas palavras. Queria dizer apenas que vinha observando Obama, ouvindo-o falar nas reuniões de comitê, e tinha chegado à conclusão de que ele era inteligente demais para a capital do estado. Os políticos de Springfield não saberiam apreciar seus talentos. Obama, disse Denny, estava destinado a voos maiores. A resposta pareceu deixar o recém-chegado satisfeito. Obama e o homem mais velho, um político da pequena cidade de East Moline, no sul do estado, às margens do rio Mississippi, um homem agressivo que bebia muito e falava mais ainda — e que se orgulhava de defender abertamente a cultura dos acordos escusos de gabinete — tornaram-se, de modo um tanto improvável, grandes amigos.

Logo depois disso, Obama foi admitido num seleto grupo de pôquer formado por senadores, um time bipartidário do sexo masculino que se encontrava para jogos noturnos na casa do senador estadual Terry Link. *Como ele conseguiu entrar no grupo?* Bem, diz Denny, "Barack tem aquela risadinha fácil, vamos chamá-la de seu sorriso triunfante. É um cara de trato suave que não tem medo de dizer: 'Ei, eu soube que vocês jogam um poquerzinho. Vamos jogar?' Ele dá aquele sorriso e diz: 'Eu estou dentro.' E os outros respondem: 'Certo, você está dentro', e o incluem. Ele é um cara legal, e no meu vocabulário e na minha terra, onde nasci e fui criado, isso é o mais importante. Se você é um cara legal, uma garota legal, é isso que você é. E é isso que o presidente Barack é, um cara legal."

E foi assim que o jovem político negro, com sua visão antimáquina e egresso do liberal Hyde Park, começou a jogar pôquer regularmente com um grupo de homens brancos mais velhos e mais conservadores, vindos das áreas rurais do sul e do oeste de Illinois. Podiam discordar sobre o aborto ou o controle da venda de armas entre uma rodada e outra, mas aqueles homens acabariam por se tornar alguns dos maiores fãs de Obama, figurando entre seus apoiadores de primeira hora — e dos mais decisivos — quando ele decidiu concorrer ao Senado federal em 2003.[1]

Os senadores apostavam moedas, no máximo alguns dólares por mão, e jogavam todas as modalidades de pôquer. Numa grande noite, o vencedor podia ir para casa com umas poucas centenas de dólares no bolso. O jogo começava por volta das 19h30. Obama costumava aparecer cerca de duas horas mais tarde, depois de sair para jantar. E ficava até bem depois da meia-noite, fumando sem pressa quatro ou cinco Marlboros ao longo de uma noite. De vez em quando, tomava uma cerveja, mas era mais comum beber um refrigerante diet. Preferia o pôquer tradicional, um jogo simples de cinco ou sete cartas, e tinha enorme prazer em vencer. "Ele tinha um estilo de jogo muito, muito conservador", constatou Jacobs. "Quando chegava a hora da verdade, você nunca sabia o que ele tinha na mão. Era um bom blefador. Não blefava com muita frequência e, exatamente por isso, toda vez que o fazia, saía-se bastante bem, porque as pessoas não esperavam aquilo." Em compensação, quando os outros tentavam lhe aplicar um blefe, Obama era difícil de enganar. "Ele não se deixava impressionar. Ficava no jogo e você tinha que mostrar sua mão. Tem muita gente que, quando você blefa, levanta logo as mãos e diz: 'Ah, meu Deus!' Mas Barack não, ele fica até o fim."

Encontro com o destino

Um dos amigos próximos de Obama lembra-se de Barack e Michelle chegando à festa na Casa Branca na noite de sua posse. O músico de jazz Wynton Marsalis estava tocando. Segundo seu amigo, Obama adentrou o magnífico salão sem a menor sombra de constrangimento, nenhum nervosismo e sem parecer minimamente maravilhado com sua nova e grandiosa residência. "Ele parecia ter nascido para aquilo. Era como se pensasse: 'Fui feito para estar aqui.'" E conseguia, sentiu seu amigo, transitar com extremo conforto pelos corredores do poder.

Talvez tenha sido essa bolha de autoconfiança que Michelle tentou gentilmente estourar durante os primeiros dias da campanha das primárias, quando disse aos leitores da revista *Glamour* que seu marido "ronca e tem mau hálito" de manhã. "Barack é completamente humano", disse ela na entrevista. "Não vamos endeusá-lo." E, no entanto, ela também acreditava com paixão que "ele tem algo especial a contribuir para o processo político".[2]

"Ele não deixa dúvida de que tem um alto conceito de sua própria capacidade — e com razão. Não é como se ele dissesse: 'Sabe, eu sou o máximo'", explicou um de seus colegas do passado, o advogado George Galland. "Ele não é desse tipo. E não tem a tendência de sair falando de tudo o que sabe para impressionar você com seus conhecimentos. Não se trata do que ele diz. Mas acho que ninguém que tenha lidado com Obama jamais teve qualquer dúvida de que ele estava totalmente confiante de ser uma pessoa excepcionalmente talentosa que iria muito longe. Todos nós conhecemos pessoas assim. E normalmente elas estão certas."[3] Isso se manifestava, segundo Galland, numa série de pequenos sinais: ele nunca se punha para baixo, seus padrões discursivos nunca exibiam inseguranças pessoais. "Eu nunca vi um único milímetro de insegurança em seu corpo, para lhe dizer a verdade."

Geoff Stone, professor de direito da Universidade de Chicago que ocupava a direção da escola quando conheceu o jovem Obama, lembra-se de ter ficado com a impressão de "alguém que estava muito à vontade consigo mesmo. A linguagem corporal é uma parte importante disso, o tom de voz, um senso de... Bem, eu não gostaria de falar em autoridade, isso seria meio impreciso. Mas a sensação de ser um igual quando encontra o diretor de uma escola de direito, mesmo sendo ainda um estudante".[4] Ao longo dos anos, Stone observou um homem com grande "abertura a ideias e uma disposição de testar propostas em vez de declará-las verdades definitivas", além do conhecimento de que a história está apinhada de cadáveres de boas intenções, pessoas e movimentos que almejavam o bem, mas não refletiram sobre suas ideias com o devido cuidado e foram vitimadas pela lei das consequências imprevistas.

Talvez devido a seu forte sentido de história, aliado a suas origens familiares heterodoxas, Obama irradia confiança não apenas em sua própria capacidade, mas também na do país de se adaptar à sua presença e às suas ideias. Quando seus partidários criaram um comitê de levantamento de fundos em Cambridge, Massachusetts, no outono de 2003, o professor de direito de Harvard David Wilkins, um dos poucos professores negros a lecionar naquela faculdade, chamou-o de lado e perguntou: "Barack, você não acha *realmente* que pode vencer, acha?" Wilkins era de Chicago: sua mãe morava no distrito pelo qual Obama tornara-se senador estadual. Para Wilkins, era absolutamente impensável que um negro pudesse ganhar uma eleição para o Senado federal em Illinois. "Sim, eu acho", respondeu Obama, tratando então de explicar em detalhes a estratégia de coalizão que, pelos seus cálculos, seria capaz de conduzi-lo ao êxito.[5] Quando conselheiros recomendaram que ficasse fora da eleição presidencial de 2008, dizendo que ele era jovem e inexperiente demais e que o país não estava "pronto" para um presidente negro, Obama discordou educadamente, mas com firmeza, declarando que 2008 era o seu momento e que uma confluência de eventos ímpar estava pavimentando seu caminho para a vitória.

Obama acredita na necessidade de revigorar a democracia norte-americana — o que, em seu entendimento, significa muito mais do que simplesmente estimular um maior comparecimento dos eleitores às urnas. Eleições não são suficientes, por si só, para instilar democracia num país, disse o presidente eleito em uma reunião com os editores do *Washington Post*, poucos dias antes de sua posse, falando de política externa. Sua resposta, contudo, revelava tanto sobre sua filosofia doméstica quanto sobre suas ideias acerca do engajamento internacional norte-americano. Eleições, argumentou, "são uma faceta da ordem liberal como nós a entendemos. Portanto, em muitos países, a primeira questão — para voltarmos às quatro liberdades de Roosevelt — é ficar livre da pobreza e do medo. Se as pessoas não estão seguras, se passam fome, as eleições podem ou não atacar esses problemas. Mas não se trata de questões inteiramente coincidentes".[6] Na verdade, para Obama, as eleições são parte de um continuum mais amplo que envolve uma permanente e maciça participação cívica: sua visão de democracia gira em torno da promoção de uma ética comunitária, de um senso de responsabilidade pelo bem comum. "Os valores aclamados [pelos Pais da Pátria]", escreveu o guru do movimento comunitário Harry Boyte no livro *Free Spaces*, (Evans e Boyte) "incluíam serviços comunitários, simplicidade, trabalho duro, independência e autocontrole. Seus opostos — extravagância, autoindulgência, ociosidade e assim por diante — não tinham lugar numa república justa e virtuosa."[7] Arrebatando dezenas de milhões de americanos, especialmente jovens, com uma convocação à la Kennedy para servir à pátria, e expandindo dramaticamente programas como o Americorps, Obama acredita ser capaz de pôr de pé mais uma vez os pilares da república justa.

Golpes duros e golpes de sorte

Ambições grandiosas funcionam bem nos palcos nacionais e internacionais — num palanque em Berlim, por exemplo, diante de centenas de milhares de fãs fervorosos, ou num estádio em Denver, com uma floresta de câmeras de celular apontadas da plateia. Em ocasiões menores e menos imponentes, a autoconfiança que Obama sempre exibiu pode soar diferente — como arrogância ou mesmo pretensão. David Mendell, seu biógrafo, fala de um homem que pode ser "autoritário, inconstante, soberbo e algumas vezes arrogante".[8] Em certos momentos, quando descreve o início da carreira política pós-Harvard de Obama, Mendell quase faz seu personagem soar como se sofresse de uma certa megalomania. "Ele é um homem extraordinariamente ambicioso e competitivo, com um poder de sedução e uma amplitude de carreira que não parecem ter limites", opinou o biógrafo. "Na verdade, é um homem dotado de uma ambição tão poderosa que ele próprio ainda está tentando se adaptar à totalidade de sua força."[9] O repórter da *Newsweek* Evan Thomas, em seu livro *A Long Time Coming* [Muito tempo pela frente], recorda um pequeno comício na Carolina do Sul em que o então senador Obama começou a se gabar, dizendo ao público que não precisava provar mais nada, que já tinha chegado lá, que já estivera no programa da Oprah. O candidato, escreveu Thomas, soou jactancioso e quase perdeu a simpatia do público.

Essa era uma característica que Obama vinha trabalhando duro para superar desde a vitória na eleição para o Senado de Illinois, mais de uma década antes. Embora a turma do pôquer o adorasse, outros eram menos entusiásticos. John Cameron — que durante muito tempo foi membro do Citizen Action e hoje é diretor político da seção de Illinois do sindicato AFSCME — recorda que o jovem senador estadual soava "pretensioso", um homem "insuportavelmente ambicioso", louco para se libertar do mundo limitado da política de Springfield. Quando Cameron se encontrou com Obama pela primeira vez, seu minúsculo escritório no andar térreo da sede do governo estadual — senadores calouros de partidos minoritários quase sempre ganhavam espaços de trabalho inviavelmente pequenos — estava abarrotado de caixas com exemplares de *A origem dos meus sonhos*, recém-enviadas de Nova York pela editora. "Publicar uma autobiografia aos 34 anos de idade, você acha que isso não é uma prova descarada de arrogância?", Cameron se lembra de ter pensado com irritação. "Quem é esse cara? É só um garoto e já escreveu sua autobiografia!"

No mundo tumultuado da máquina política de Illinois, Obama parecia ser um tipo virtuoso, uma espécie de Madre Teresa que não gostava de se misturar demais com os colegas, que embrulhava todas as suas decisões numa linguagem de pureza ética e que mal podia esperar para entrar no carro e voltar para a companhia de Michelle em casa. "Tenho que dizer honestamente que, naquela época, eu achava que ele fosse mais pretensioso do que sério. Eu estava longe de ser um admirador", disse Cameron. "Ali estava um sujeito que, participando de um comitê, revirava os olhos quando achava que o que era dito não estava à sua altura. Ficava impaciente quando as coisas andavam devagar no processo legislativo. Seus modos e a imagem que projetava àquela altura pareciam muito antipáticos."[10]

Muitos dos já experientes senadores estaduais negros, como Rickey Hendon e Donne Trotter, achavam que o garoto recém-chegado estava dando um passo maior do que as pernas, que era confiante demais, ansioso demais pelos holofotes. Trotter foi citado muitas vezes dizendo que Obama era um negro de alma branca; Hendon, em cuja visão Obama não tinha pago o tributo de crescer numa cidade pobre do interior, envolveu-se em discussões intensas — e bastante alardeadas pela imprensa — com o novato. Testemunhas lembram com certo prazer que a dupla quase saiu no braço certa vez. Em geral, achavam seus críticos, Obama parecia reservado demais, pouco disposto a se misturar.

Sua própria personalidade era, de acordo com Cameron, "imatura". Estava cheia de um "certo estilo masculino de aspereza", o tipo de aspereza que funcionava quando Obama trocava ofensas bem-humoradas com seus colegas advogados no campo de golfe, mas que não necessariamente caía bem nos corredores do poder em um lugar como Springfield, Illinois. Obama, acreditava o funcionário do Citizen Action, era um homem a caminho da queda.

Para a sorte de Obama, que estava ansioso para chegar a Washington, a queda veio bem cedo e não lhe causou danos de longo prazo. Ele decidiu desafiar o então congressista Bobby Rush nas primárias democratas de 2000 e terminou por levar uma surra. Rush, um ex-Pantera Negra, basicamente acusou Obama de invadir seu quintal, de ser um intruso havaiano sem qualquer sensibilidade real para a vida dos negros do interior. Justas ou não, as acusações colaram. Sem uma coalizão de partidários locais que o apoiasse, Obama não conseguiu contra-atacar com eficiência. Pior ainda, o então presidente Bill Clinton fez campanha pesada por Rush, chegando até a gravar um *spot* de rádio em que conclamava os eleitores a apoiá-lo. Quando chegou o dia da eleição primária, Obama não se limitou a simplesmente perder, foi massacrado, amargando uma derrota por margem superior a 30%. (Embora Obama não seja conhecido por guardar rancores, sua vizinha Jacky Grimshaw acredita ser no mínimo possível que sua evidente antipatia por Bill Clinton date dessa eleição e de sua sensação de que o então presidente serviu sua cabeça numa bandeja.)[11]

Atualmente, Rush, o único político que já derrotou Obama numa eleição, recusa-se a falar daquela primária. Sua equipe diz que ele deixou o passado para trás e que hoje é amigo do presidente. Em 2000, porém, ele não tinha nenhuma relutância em falar. “Ele foi para Harvard e se tornou um imbecil bem-educado”, disse, segundo citação feita pelo jornalista Ted Kleine num artigo do *Chicago Reader* em março de 2000. “Nós não nos impressionamos com esses sujeitos e seus diplomas de elite do Leste.”[12] Rush acusou ainda o jovem senador estadual de ser um guerreiro de gabinete, um homem que falava de igualdade sem jamais ter demonstrado a disposição de protestar, participar de uma passeata ou se meter em qualquer confusão que pudesse enfurecer o sistema.

A derrota foi um dos pontos baixos da vida pública de Obama. Mas foi também um momento de revelação. Quando os números foram analisados, os contornos do fracasso sugeriram duas coisas. A primeira era que Obama não era um “político negro” natural. Numa disputa pelos votos negros num distrito majoritariamente negro, ele ficava vulnerável à acusação de ser um “intruso”. A segunda era que, entre os eleitores brancos, Obama tinha o favoritismo. Aparentemente, seu apelo transracial era tremendo, sobretudo entre as mulheres.

Poucos anos depois, quando a empresa de consultoria de David Axelrod, a AKPD Media, conduziu uma série de pesquisas qualitativas com eleitores brancos de classe média, a reação a um vídeo em que Obama contava a história de sua vida foi extraordinariamente positiva. "Calma, coração acelerado", John Kupper, sócio de Axelrod, lembra-se de ouvir uma mulher dizer. "Ele se conectou de modo visceral com aquelas pessoas", explica Kupper. A empresa, cuja lista de clientes incluía Harold Washington, nunca tivera um candidato com tanto apelo transracial.[13]

Muitos observadores da carreira política de Obama chegaram à conclusão de que aquela derrota na corrida para o Congresso terminou por pavimentar o caminho para uma candidatura à presidência viável. Em primeiro lugar, ensinou a ele a importância de apelar para uma base mais ampla. Em segundo, embora tivesse perdido a eleição, ele conquistou um número significativo de votos de eleitores brancos, um fato que, poucos anos depois, seus assessores compreenderiam ser a chave de sua viabilidade eleitoral. Em terceiro lugar, a derrota humilhante aparou suas arestas. Na opinião de Cameron, foi um presente divino. "Francamente, aquilo com certeza o tornou um político melhor, uma pessoa de convívio mais agradável e, quem sabe, um ser humano melhor. Ele precisava dessa lição de humildade: não se trata apenas de você, mas de você *junto* com os eleitores." Nos anos seguintes, Cameron se tornou fã incondicional do político em ascensão. Ele achava que Obama tinha finalmente alcançado o seu melhor e estava pronto para o grande momento.

Para ser um grande político, acreditava Cameron, é preciso ter empatia, além de autoconfiança. Segundo seus amigos do movimento comunitário, Obama sempre teve a primeira. Mike Kruglik,[14] um de seus mentores na Fundação Gamaliel, lembra que uma vez Obama sentou-se com uma jovem senhora do conjunto residencial de Altgeld Gardens e conversou com ela por horas a fio sobre o que ela planejava fazer de sua vida. Ouviu a história dela, percebeu que ela tinha um talento e uma ambição que poderiam retirá-la das condições de pobreza em que se encontrava e convenceu-a de que estava ao seu alcance obter um diploma do curso secundário. Isso, segundo Kruglik, era o epítome do credo dos organizadores comunitários: trabalhar com os moradores para provocar transformações pessoais.

Mas será que ter um bom ouvido compensava aquilo que muitos de seus novos colegas na capital do estado viam como uma egolatria imoderada? Fora do mundo dos movimentos comunitários, no fim dos anos 1990, muitas figuras da política local de Springfield, especialmente democratas ressentidos com seus talentos e com a probabilidade de serem ultrapassados por ele na corrida até o topo, compartilhavam das suspeitas de Cameron. Na visão de seus críticos, a autoconfiança de Obama e seu senso de predestinação, a menos que fossem atenuados, decretariam seu fim. Em retrospecto, eles estavam errados, claro. Oito anos depois de perder para Bobby Rush, Obama seria eleito presidente dos Estados Unidos.

Planos de campanha, mercadinho e ferro quente

Em suas memórias, Obama admite ter um grande medo de perder. "Não apenas medo de perder — embora isso seja bastante ruim —, mas medo da humilhação completa, total. Eu ainda coro, por exemplo, ao pensar em minha única derrota na política, a surra que sofri em 2000 do congressista democrata Bobby Rush", escreveu o então senador Obama. "A maioria dos outros pecados da política são derivados desse pecado maior — a necessidade de vencer, mas também a necessidade de não perder."[15] Num homem fraco, um medo desses poderia facilmente resultar em paralisia. Num homem com os talentos de Obama, contudo, é apenas combustível para suas ambições. Sempre um tanto inquieto, o gosto amargo daquele insucesso o impeliu a olhar para o futuro, a procurar uma posição mais alta da qual fosse mais difícil desalojá-lo. Sim, era senador estadual aos trinta e poucos anos, mas queria chegar à capital federal. Sim, era senador federal aos 43, mas sentia, de alguma forma, que a viagem ainda não tinha chegado ao fim.

Quando coisas boas aconteciam, ele as acolhia de passagem, parecendo presumir que não fossem nada além do que merecia. Isso ficou evidente de forma nítida para sua vizinha Jacky Grimshaw na primavera de 2004. Obama disputava a eleição para o Senado federal e tinha sido apresentado numa festa local de levantamento de fundos ao provável candidato democrata à presidência, John Kerry. Kerry ficou tão impressionado com o jovem que o convidou a acompanhá-lo em seu avião de campanha para um tour relâmpago por Illinois. Reportagens dessa viagem retratam Obama ofuscando em algumas ocasiões o senador de Massachusetts. Seja como for, foi na esteira dessa colaboração bem-sucedida que Kerry convidou Obama a fazer seu discurso, hoje famoso, na convenção nacional do partido, naquele verão, em Boston.

Mais tarde, conversando com Obama por sobre a cerca do quintal enquanto ele fumava um cigarro em sua varanda, Grimshaw lhe perguntou como tinha sido aquela experiência. Ela estava empolgada: afinal, não era todo dia que um vizinho era convidado a viajar num avião de campanha presidencial. "Barack estava muito tranquilo", recorda ela com certo espanto, quase cinco anos depois.[16] "Nada deslumbrado. Não havia nenhum senso de grande animação ou nada do gênero. Ele disse algo como: 'Pois é, fizemos um monte de coisas.' Inteiramente pé no chão, o que era bem típico dele." Grimshaw se lembra de que o tom de voz de Obama ao descrever a viagem com Kerry era mais ou menos o mesmo que ele usou em seguida, quando mencionou que Michelle tinha pedido que ele fosse ao mercadinho da esquina comprar comida. "Era como se fossem coisas equivalentes em sua vida. Ele é assim mesmo, essa é a sua personalidade." Ela faz uma pausa e ri da estranha recordação. Obama reconhecia a honra que Kerry lhe concedera, mas acolhia o episódio sem pensar duas vezes. Era, acreditava Grimshaw, de uma placidez inata, um homem completamente "à vontade em sua própria pele", que irradiava "força interior".

Durante aqueles anos, ele telefonava periodicamente para seu amigo, o reverendo Alvin Love, para se aconselhar. *Devo disputar esse cargo? Será que estou no caminho certo?* Sempre pedia a Love que rezasse por ele e ouvia em silêncio enquanto o amigo pedia as bênçãos de Deus para suas empreitadas. Obama, segundo o pastor, tinha uma relação "profundamente pessoal" com seu Deus; não era do tipo que se envolvia em batalhas religiosas ou tentava impor suas crenças aos outros, mas ouvir aquelas preces parecia aliviá-lo de um peso. Elas o ajudavam a manter sua lendária calma.

Em dezembro de 2006, Love estava em sua casa quando recebeu outro desses telefonemas. Obama disse que estava pensando em atirar o chapéu no ringue para ser o candidato democrata à eleição presidencial. "Minha primeira reação", recorda Love em sua voz profunda de barítono, "foi dizer: 'Não sei se posso lhe dar qualquer conselho sobre disputar a presidência.'" Depois o pastor pensou um pouco mais no assunto e sacou do bolso uma recomendação que seu pai lhe fizera décadas atrás. "Filho, você tem que malhar o ferro enquanto ele está quente." Obama teria respondido: "Já está, Love, o ferro não fica muito mais quente do que isso." "Eu me limitei a rir", diz Love. Poucas semanas depois, seu amigo ligou de novo, desta vez para dizer que tinha decidido disputar a indicação.[17]

Durante a campanha das primárias de 2007-2008, mesmo quando as pesquisas de opinião sugeriam o contrário, Obama sentia que o momentum de sua candidatura ia crescendo. "Não se prendam às pesquisas", teria dito a seus conselheiros mais graduados.[18] "Pesquisas nos dão um instantâneo do passado. Quero chegar ao último quarto empatado, bola ao alto, e sei que ela pode ser nossa."

Essa motivação para o sucesso sempre fora uma parte crucial da personalidade de Obama. Leon Despres, personagem centenário da comunidade progressista de Chicago — que, como um advogado de meia-idade com passado de membro do Partido Socialista no tempo da Grande Depressão, vencera em 1955 uma eleição para vereador com uma plataforma inconformista —, acreditava que ele tinha uma "ambição extraordinária".[19]

E, acrescentou, não havia nada de pejorativo nisso. Obama era, na percepção de Despres, tão motivado quanto Franklin Roosevelt ou John Kennedy, mas canalizava uma parte maior da sua ambição para boas causas e menos para sua própria satisfação pessoal. Agora, em 2007-2008, Obama Sem Drama finalmente descobriria se sua imagem plácida e tranquila ajudaria a levá-lo ao mais alto pico do poder: a Casa Branca.

Capítulo 5
Compostura

Nos primeiros anos de sua vida adulta, a compostura de Obama, seu senso de presença, maravilhava quem o conhecia. Muitas pessoas se lembram de tê-lo encontrado quando ele era ainda um desconhecido e de saírem tão impressionadas que contaram a seus cônjuges ou colegas ter acabado de conhecer um homem que poderia — ou melhor, *iria* — ser presidente um dia. Em parte, isso pode ser apenas a projeção de um desejo: vendo uma pessoa com quem certa vez esbarraram virar presidente, as pessoas querem tanto acreditar que previram essa grandeza com décadas de antecedência que criam memórias cor-de-rosa para tal fim. Mas pessoas demais contam essa história para que tudo seja ilusão.

"A coisa mais importante que eu me lembro daquele dia", diz Jackie Kendall, ativista da renomada Midwest Academy, sobre seu primeiro encontro com Obama em meados dos anos 1980, "é que, quando eu fui para casa aquela noite, disse ao meu marido: 'Acabo de conhecer um garoto que um dia vai nos fazer dizer: *Nós o conhecemos quando...*' Ele era tão bom assim."[1]

Quando conheceu Obama, John Milner — que por longo tempo fora chefe de polícia no subúrbio de Elmhurst, em Chicago, antes de se tornar senador estadual pelo Partido Republicano — era copresidente do grupo de Illinois chamado Fight Crime: Invest in Kids, que reunia profissionais de segurança pública e reformadores sociais em torno da questão da delinquência juvenil. "Eu estava tentando promover uma educação pré-escolar e programas pós-escolares de qualidade. Juntamos chefes de polícia, policiais, promotores e famílias de vítimas. Nós nos reunimos e começamos a lutar por esses programas." Nem todos os legisladores que eles procuraram compreendiam a ligação entre esses programas e a redução na taxa de criminalidade. Mas "quando conheci Barack, o sujeito entendeu tudo imediatamente. Fiquei impressionado com sua capacidade de demonstrar abertura de pensamento, sua disposição de ouvir e sua aparente franqueza. Ele olhava você nos olhos, concordava com a cabeça. Senti que aquele cara tinha entrado muito rapidamente em sintonia comigo. Isso é um dom, um dom importante".[2] Tão seduzido ficou o conservador chefe de polícia pelo jovem político liberal que puxou de lado um subordinado e lhe disse que acabara de conversar com alguém que um dia poderia morar na Casa Branca.

Um roteirista de televisão de Los Angeles, em visita a Chicago para pesquisar movimentos comunitários, ficou tão impressionado ao ver Obama em ação que adiou seu voo de volta e passou uma semana seguindo-o como uma sombra em reuniões pela vizinhança. Uma noite, perto do fim de sua estada, pulou no palco e divertiu a plateia dizendo que — guardassem suas palavras — um dia Obama seria presidente dos Estados Unidos.[3]

Quando Stephen Heintz, atual presidente do Rockefeller Brothers Fund e diretor do conselho do progressista *think tank* Demos, de Nova York, foi a Chicago com seu colega Charlie Halpern para conversar com Obama sobre sua possível participação no conselho do então nascente Demos, eles se encontraram para o café da manhã num clube social de elite. "Ele não usava paletó e gravata, mas um casaco de couro, uma aparência muito *cool*", disse Heintz. "Mesmo nesse primeiro encontro, quando ainda era muito jovem, ele tinha um certo tipo de intensidade tranquila. Existe um contraponto interessante aí. Ele é muito *cool*, mas é também muito intenso. Há uma consciência firme, um vigor e uma motivação que transparecem em suas maneiras tranquilas. Essa é uma combinação interessante. Ambos ficamos impressionados com ele e ansiosos para tê-lo no conselho de fundação do Demos. Saímos daquele encontro comentando: 'Meu Deus, está aí um jovem incrível. É o tipo de sujeito que pode um dia virar o primeiro presidente negro dos Estados Unidos.'" Em conversa independente, Halpern confirma a lembrança de seu amigo.[4]

O fato de tantas pessoas terem saído com tal impressão não pode ser explicado apenas pela inteligência, pelos conhecimentos ou pelo comportamento profissional de Obama. Pessoas aos montes exibem tais qualidades e nem por isso são imediatamente rotuladas de presidentes em estado embrionário. Havia algo maior ali, algo quase intangível. Da mesma forma que Marilyn Monroe, a suprema *bombshell*, exalava uma sensualidade que não podia ser reduzida à soma das partes de seu corpo, as qualidades de liderança de Obama não se reduziam a uma simples lista de suas características pessoais.

Pelo menos parte desse magnetismo é um efeito colateral dos talentos que o jovem Barack Obama levou consigo para a Escola de Direito de Harvard e que lá poliu à perfeição. Essa escola é, afinal, uma das principais instituições educacionais da elite norte-americana, tanto um campo de testes para aspirantes ambiciosos à política quanto um viveiro de futuros advogados corporativos. A escola tem na liderança política dos Estados Unidos papel semelhante àqueles desempenhados pelo Balliol College, de Oxford, ou pelo King's College, de Cambridge, na Inglaterra, e pela Sorbonne ou pela École Nationale d'Administration, em Paris. E a *Harvard Law Review*, para cuja presidência Obama foi eleito em 1990, serve para cultivar líderes de destaque nesse mundo já restrito e fechado de jovens bem-sucedidos.

A *Review* tem sede própria, um pequeno prédio branco chamado Gannett House, separado da construção principal que abriga a escola, próximo ao ginásio da universidade. E tem suas próprias tradições e rituais seculares. Há, por exemplo, o próprio processo eleitoral, que dura o dia inteiro e no qual os aspirantes à presidência têm que cozinhar para todos os colegas enquanto estes se engajam numa série de votações eliminatórias cada vez mais tensas. E há também a anual *Revue*, uma publicação paródica distribuída num evento do Harvard Clube, em Boston — uma espécie de primo do jantar do Gridiron Clube, de Washington —, no qual a equipe satiriza violentamente o editor-chefe. No ano em que Obama foi presidente, seus colegas fizeram piadas ácidas com sua personalidade multicultural, dizendo que ele era norueguês, filho de um pescador de meio expediente e de uma cantora do corinho do Abba, que de alguma forma se "descobriu" negro quando foi exposto à vida urbana de Chicago. A *Revue* fez Obama se parecer com uma espécie de versão em negativo de Steve

Martin no filme *O panaca* — um branco que é criado por uma família de negros e acredita ser um deles, apenas para descobrir tardiamente que não tem nada de negro. Ser capaz de suportar essas bordoadas intelectuais, rir perversamente de si mesmo e emergir mais forte por causa disso — esses eram traços que os melhores estudantes de direito de Harvard assimilavam, assim como assimilavam o conhecimento das leis.

Bons advogados, disse David Wilkins, saíam da escola de direito com a capacidade de falar bem. *Grandes* advogados saíam também com a capacidade de escutar bem, ouvir o que os outros dizem e se adaptar a isso.[5]

No momento em que Obama prestou juramento como presidente dos Estados Unidos, um em dez senadores federais era formado pela Escola de Direito de Harvard, assim como cinco dos nove juízes da Suprema Corte. Se essas pessoas dividiam uma característica comum que transcendia suas diferenças ideológicas, era um sentido quase de *noblesse oblige* diante da Constituição norte-americana: aquelas palavras e sentimentos pertenciam a eles, para que os compreendessem, protegessem e alimentassem.

Obama é "profundamente versado na tradição legal e constitucional americana", diz Douglas Baird, professor de direito da Universidade de Chicago e responsável por contratar o jovem Obama como professor convidado para lecionar direito constitucional, depois que ele retornou de Harvard para Chicago. Obama não é familiarizado apenas com a versão anotada da Proclamação da Independência, por exemplo; em vez disso, leu de verdade, e assimilou, cada detalhe do texto original. Da mesma forma, estudou minuciosamente decisões da Suprema Corte como o caso *Roe contra Wade* (que, em 1973, estabeleceu que uma mulher tem o direito de abortar durante o primeiro trimestre da gravidez), informando-se não apenas das questões políticas em torno deles, mas também das implicações constitucionais subjacentes a cada um. Tais assuntos animavam as conversas amenas de Obama com seus colegas na Universidade de Chicago.

Mantendo a calma em meio à tempestade

Combine uma autoconfiança inata com a confiança em seu próprio destino, adicione a liderança e as habilidades analíticas tão cuidadosamente cultivadas por instituições como a Escola de Direito de Harvard e a Universidade de Chicago, misture uma boa aparência, um comovente talento oratório, a capacidade de ouvir com atenção o que os outros dizem, e pronto — você terá os ingredientes de uma usina de força.

Uma vez instalado no conselho do Demos, Obama não tardou a deixar sua marca. Era sempre "uma pessoa muita distinta na sala", observou Stephen Heintz. "Parte disso era sua aura, seu carisma. Outra parte era, eu acho, uma pitada de distanciamento. Você não o vê se desmanchar em camaradagem com os outros numa reunião. Ele interage com as pessoas de modo muito profissional, sério. Não que ele seja frio ou não tenha senso de humor. Mas fica a impressão de uma certa distância. Como se, de alguma forma, ele preservasse seu lugar distinto numa conversa. Diferentemente de outros, que proporcionam a você uma experiência mais confortável, mais estudantil, o jeito dele é um pouco individualista no grupo. Ele era muito respeitoso, interessado, sabia ouvir. Gostava de expor seus argumentos de forma enfática e articulada quando estava pronto para isso, mas era especialmente bom em ouvir os outros: não sentia a necessidade de dominar o debate. Com toda a certeza, não é um político da velha guarda, caloroso, de dar tapinhas nas costas. Completamente diferente de George Bush. Não é o tipo de pessoa que logo vem com um apelido para cada um dos presentes. Seu estilo é mais formal, sem ser empertigado."

O Demos não estava sozinho em seu desejo de ter Obama no conselho. Sua calma, a impressão que transmitia de estar sempre no controle, era magnética. Em Chicago, a Fundação Joyce, o Fundo Woods e mais tarde o Desafio Annenberg o levaram para seus conselhos, apesar do fato de que ele era um jovem de trinta e poucos anos, com uma montanha de dívidas da Escola de Direito ainda por pagar.

Mesmo quando chegava a hora do luto, a mais elementar das emoções humanas, Obama sabia separar seus sentimentos privados de sua presença pública. Quando sua mãe estava morrendo de câncer, ele ficou arrasado. Amigos acreditam que, de alguma forma, a morte dela ainda é uma ferida aberta para ele, algo doloroso demais para ser confrontado por inteiro. No entanto, ele não se afastou do trabalho e se recusou a deixar seu desempenho ser afetado. Para seu chefe, Judson Miner, sua dor controlada pareceu "digna". Na presença de Obama, acreditava ele, "você estava sempre consciente da estatura dele". Mesmo quando ele consultava George Galland sobre como se mover no pântano da burocracia do seguro de saúde, a fim de garantir à sua mãe os tratamentos de que ela necessitava para seu câncer de ovário, em seus últimos meses de vida — circunstâncias feitas sob medida para destruir a compostura até da pessoa mais durona —, ele permanecia calmo em sua determinação férrea de não perder o controle.

Doze anos mais tarde, essa mesma característica ficaria evidente para o mundo inteiro quando, horas antes da eleição presidencial, sua avó Toot — a mulher que ele tantas vezes declarara ter sido a pessoa mais importante de sua vida quando ele estava crescendo e que o fizera voar até o Havaí para visitá-la em seu leito de morte poucas semanas antes — faleceu. Embora estivesse emocionalmente devastado, Obama de alguma maneira conseguiu se manter inteiro para fazer uma série de discursos de última hora, todos extremamente fortes, na Flórida e em Ohio, secando as lágrimas dos olhos e encarando o trabalho que precisava ser feito. Foi uma performance e tanto, parecida, sob muitos aspectos, com o modo como John F. Kennedy lidou com a morte de seu filho pequeno com Jackie, Patrick, em agosto de 1963.

Em diversas ocasiões durante a longa campanha eleitoral, essa calma férrea ficou evidente para quem quisesse ver. Quando membros da equipe de Obama começavam a mostrar sinais de pânico diante de, por exemplo, pesquisas de opinião desfavoráveis ou notícias econômicas incompreensivelmente ruins, ele tendia a se manter tranquilo como o olho imóvel de um furacão. Amigos ativistas dos anos 1980 lembram-se que o único sinal que ele dava de estar perturbado era fumar dois Marlboros seguidos, em vez de um só, como geralmente fazia. Esses raros momentos eram chamados de "situação para dois cigarros". *Mas eles nunca teriam presenciado uma situação para três cigarros?* Nem uma vez.[6] "Nunca vi suas emoções oscilarem", assegura o levantador de fundos Alan Solomont. "Nunca vi altos e baixos. Bill Clinton era famoso por ter acessos de fúria, ficava todo vermelho. Você nunca vê isso em Barack, mesmo na intimidade. O sujeito é frio como um pepino."

Obama era, segundo muitos de seus amigos, alguém que permanecia calmo não apenas por compreender que era melhor assim, mas porque tinha investido tempo naquilo que Charlie Halpern chamou de "trabalho interior": tinha se esforçado por compreender seu lugar no mundo e, desse esforço, conseguido um forte sentido de equanimidade. Para Halpern, o presidente dava a impressão de ser um homem imbuído daquele tipo de calma — ou sabedoria — que se desenvolve ao longo de muitos anos de meditação. Era uma serenidade, uma sabedoria baseada na capacidade de distinguir o que é realmente importante do trivial, algo que Halpern costuma associar mais ao Dalai Lama, que ele conheceu, do que a políticos. "Isso me faz pensar no poema de Kipling, 'Se'", diz Hill Harper, colega dos tempos de Harvard, sobre o temperamento plácido de Obama. "Tem um verso que diz: 'Se você consegue manter a cabeça no lugar enquanto todos à sua volta estão perdendo a deles...'"

Para Alan Dershowitz, isso se chama "inteligência emocional": "Ele conhece a si mesmo. Sabe de seus pontos fortes, de suas limitações, compreende-se muito bem e sabe como o público reage a ele." Dershowitz, famoso por ser um homem difícil de impressionar, cita uma frase famosa do juiz Felix Frankfurter, da Suprema Corte, sobre Franklin Roosevelt. O presidente, declarou Frankfurter, era um intelecto de segunda ordem aliado a um temperamento de primeira. Já Obama, diz Dershowitz, tem uma inteligência de primeira para acompanhar seu excelente temperamento.

Erwin Hargrove, professor emérito de ciência política da Universidade Vanderbilt e autor de *Effective Presidency* [A presidência eficaz], põe as coisas nestes termos: "Há ali uma serenidade interior que você não encontra em muitos políticos. Ao lado de uma ambição. Ele lembra Lincoln ou Franklin Roosevelt, que combinavam, ambos, serenidade e ambição. Mas eu não detecto nenhuma necessidade profunda de atenção, nenhuma das inseguranças que se podia ver em Nixon ou Lyndon Johnson. Também não encontro arrogância ou presunção. Vejo uma certa humildade. Embora ele saiba, como sabia Lincoln, que é a pessoa mais inteligente da sala."

Voando alto

No ápice da campanha presidencial, quando o Partido Republicano lançava uma saraivada contínua de anúncios negativos e o nível de apoio popular a Obama parecia estagnado, o candidato convocou uma reunião com seu comitê de finanças domésticas e todos os seus conselheiros políticos mais importantes. *Você precisa ser mais agressivo, você tem que pagar ao Partido Republicano na mesma moeda*, aconselharam-no. *Você tem que jogar duro*. Obama recusou o conselho. *Não*, respondeu, *permaneceria focado na mensagem, continuaria falando da esperança contra o medo*. Um ano antes, num jantar íntimo com alguns amigos próximos e assessores em Chicago, no fim do verão de 2007, o candidato tinha recebido uma recomendação parecida — "seja agressivo, vá na jugular" — na disputa com Hillary Clinton. Também naquela ocasião, educado mas firme, ele tinha recusado o conselho. "Esse não é o tipo de campanha que eu faço. Vamos fazer do jeito certo", um participante recorda-se de ouvi-lo dizer.[7]

É um truísmo no mundo da política que as campanhas refletem a personalidade do líder. As de Hillary Clinton e John McCain estavam cheias de profissionais da velha escola, movidos a caos. Puxadas de tapete eram lugar-comum, e, entre as equipes que se reportavam aos candidatos nervosos, preocupados, as acusações cruzadas de culpa eram abundantes. A campanha de Obama, ao contrário, foi tranquila, embora alguns de seus membros mais importantes, como Rahm Emanuel, fossem notoriamente esquentados em outros contextos. Pessoas que participaram de centenas de reuniões de campanha lembram-se de que quase não havia xingamentos, e raramente se ouvia uma voz exaltada. "Sabem, eu acho que tenho o tipo de temperamento necessário para a campanha e para a presidência. Quando as coisas ficam muito difíceis, eu me mantenho firme", disse Obama a seu comitê de finanças domésticas, como recorda o levantador de fundos David Friedman, de Colorado. "Quando as coisas ficam muito boas, eu me mantenho firme." Para Friedman, Obama era simplesmente "biologicamente preparado para ter um temperamento calmo".[8]

Isso não queria dizer que ele não se dispusesse a correr riscos ocasionais. Experiente jogador de pôquer, Obama gosta de arriscar a sorte. "Barack me ajudou a relaxar e ficar confortável com os riscos", disse Michelle Obama à fotógrafa Mariana Cook em 1996, segundo a revista *New Yorker*.[9] No entanto, ele nunca corre riscos apenas por correr e gosta de calcular as probabilidades antes de tomar suas decisões. Disso não se deve depreender que ele é sempre avesso ao improviso, aos remendos como forma de solucionar problemas, e sim que os riscos que corre foram, em geral, previamente estudados sob todos os ângulos. Como diz o historiador cultural da Universidade de Southern California, Robin Kelley, Obama é um disco de Miles Davis dos anos 1950 e não dos 1970, fase mais livre e anarquista do músico. A relação de Obama com o risco é suave, sem arestas, facilmente agradável ao ouvido.

Quando David Friedman foi a Washington para se encontrar com Obama, no início de 2007, a fim de traçar a estratégia de uma possível candidatura, os dois conversaram num prédio de escritórios inteiramente vazio que o pessoal de Obama tinha alugado para ser uma possível filial da campanha, que teria seu quartel-general em Chicago. Obama sabia que suas chances eram pequenas — afinal, tanto Hillary Clinton quanto John Edwards vinham há meses recolhendo fundos de guerra e reunindo o apoio de grandes nomes —, mas, mesmo assim, gostava delas. "Estamos construindo o avião enquanto taxiamos na pista", Friedman lembra-se de ter ouvido do candidato. "Ao contrário dos outros candidatos, eu não sabia que concorreria à presidência seis meses atrás", prosseguiu Obama, talvez com uma pitada de insinceridade.

Como se sabe, o avião levantou voo. Na verdade, a analogia mais apropriada seria com um foguete. A campanha de Obama entrou rapidamente em órbita. Ao longo de quase dois anos, ele derrotou Hillary Clinton, candidata que havia entrado na disputa cercada por uma aura de inevitabilidade, e seguiu em frente para superar em tática e desempenho o candidato republicano, John McCain, nos três meses finais que conduziram ao 4 de novembro.

Só uma coisa é melhor que um bom jogo de basquete

Talvez nada exemplifique melhor a extraordinária capacidade de Obama de permanecer calmo sob pressão do que suas ações no próprio dia da eleição. Num momento crucial da história, ele se retirou para um ginásio de Chicago administrado por Tim McCrue, ex-treinador de Michael Jordan, para jogar basquete.[10]

Marty Nesbitt, empresário de Chicago e o mais próximo dos amigos de Obama, tinha reunido companheiros de quadra dos tempos do Havaí, de Harvard, de Chicago e de Washington. Assim como Obama, Nesbitt e um punhado de outros tinham voado para Chicago de um evento em

Indiana. Naquele dia, o candidato democrata e seus amigos traçaram estratégias não para o dia da eleição, mas para a partida de basquete — quem jogaria com quem nos vários times. Ao todo, incluindo Obama, havia 24 homens, todos usando uniformes feitos especialmente para a ocasião. Eram azuis e brancos e tinham as palavras AQUELE ALI estampadas na frente — expressão pejorativa que John McCain usou em um dos debates presidenciais para se referir ao seu oponente — ao lado de uma mão que apontava para o símbolo da campanha de Obama. Este parecia uma bola de basquete girando sobre um dedo estendido.

Os amigos se dividiram em quatro times de seis e se puseram a jogar uma série de partidas. "Foi maravilhoso, porque realmente parecíamos saber que tudo seria diferente", recordou Hill Harper, um dos jogadores. Obama estava "muito relaxado. Só batendo bola e se divertindo, fazendo piadas".

Com o jogo pela metade, Obama e seu assessor pessoal Reggie Love bateram cabeça na disputa de uma bola. Obama, brincando, disse a seus companheiros: "Pessoal, vou me sentar um pouco. Talvez seja bom descansar, tenho uma longa noite pela frente. É melhor eu sair daqui sem nenhuma contusão." O time de Obama, de acordo com um de seus companheiros, venceu uma partida e perdeu outra. Barack parecia um pouco cansado, mas ainda assim conseguiu fazer algumas cestas. Então as duas equipes que tinham vencido suas partidas preliminares foram disputar a "final do campeonato", sob a torcida animada do candidato a presidente e de seu time, no banco.

O bate-bola terminou às cinco horas da tarde. Obama seguiu para o Grand Hyatt Hotel, onde cortou o cabelo, e depois para um jantar com seu grupo íntimo. Pouco tempo depois começaram a chegar os primeiros resultados das pesquisas nos estados da Costa Leste, os primeiros a encerrar a votação. Obama não tivera sequer uns minutinhos para se sentar sozinho e ponderar os grandiosos eventos em cujo epicentro agora residia. Não tinha deixado que a magnitude daquele dia o assolasse.

Estudo de caso: Atacando de frente a questão racial

Nos meses imediatamente anteriores à eleição, três escândalos potenciais envolvendo amigos ou conhecidos ameaçaram descarrilar a campanha presidencial de Obama. O primeiro dizia respeito a seu relacionamento com um empreiteiro corrupto de Chicago, Tony Rezko. Depois surgiu a notícia de que Obama havia trabalhado numa comissão de reforma educacional ao lado de Bill Ayers, que fora líder do Weather Underground no início dos anos 1970. O grupo de Ayers, representante do pior e mais niilista lado da política de contracultura da geração do Baby Boom, concluíra que os protestos pacíficos contra a guerra do Vietnã eram ineficazes e, em nome da revolução, tinha adotado a violência como método: ao longo dos anos, assumiu a autoria de uma dúzia de atentados à bomba em sua guerra contra o Estado norte-americano. Por fim, houve o caso de sua associação de décadas com um pastor radical negro, o reverendo Jeremiah Wright, líder da Trinity United Church of Christ.

Em relação a Rezko e Ayers, Obama apostou que não havia ali sujeira suficiente para respingar nele. A conexão Rezko talvez fosse escusa — Obama havia comprado dele algumas propriedades por valores abaixo do mercado —, mas não era ilegal. Quanto menos tratasse do assunto, mais difícil seria para repórteres e adversários fazê-lo decolar. Fora de Chicago, calculou Obama, pouca gente ligava para Rezko.

Posta em prática, a estratégia de não engajamento de Obama funcionou. A história se tornou uma espécie de fenômeno de catarse para ouvintes conservadores de rádio e papagaios da Fox News, mas a maior parte da imprensa passou rapidamente ao próximo item da pauta.

Quanto a Bill Ayers, as acusações eram, para começo de conversa, bastante ridículas — sim, Obama tinha trabalhado na comissão do Desafio Annenberg com Ayers, mas muitos notáveis locais tinham feito o mesmo. Obama não teve dificuldade em se livrar do problema, observando que tinha apenas oito anos de idade quando Ayers foi acusado de explodir suas bombas, que conheceu o homem num ambiente em que muitos republicanos notoriamente moderados também estavam presentes e que obviamente não compartilhava de sua incendiária visão de mundo. *Isso é realmente o melhor que vocês conseguem fazer contra mim?*, ele praticamente provocou seus oponentes.

Mas Jeremiah Wright, bem, aquela era uma história diferente. Wright tinha sido gravado logo após os ataques terroristas de 11 de Setembro gritando: "Deus amaldiçoe os Estados Unidos!", dizendo que o país estava colhendo o que havia plantado e chamando-o de Estados Unidos da Ku Klux Kan. Havia acusado as lideranças da nação por todos os tipos de crime nacionais e internacionais. E em seus sermões, que passaram sem parar nos canais de TV a cabo durante a primavera de 2008, parecia tecer uma teia de acusações incendiárias contra os brancos em geral.

Para Obama isso era devastador, abrindo seu flanco a acusações de que era um "racista" enrustido, alguém que poria a cor de sua pele acima da lealdade à nação. Havia ali mais do que uma pitada de ironia: oito anos antes, ele tinha levado uma surra política do congressista Bobby Rush, um político negro que, com a bênção tácita de muitos senadores estaduais negros de Springfield, tinha basicamente acusado Obama de não ser negro o suficiente.

Pouco negro? Negro demais? Nervoso demais? Nenhuma dessas acusações combinava com a imagem que Obama fazia de si mesmo. No entanto, a denúncia de que seria "insuficientemente negro" havia contribuído para afundar suas ambições políticas em 2000. E agora a acusação de ser "negro demais" tinha o potencial de arruinar suas esperanças presidenciais.

O instinto de Obama disse-lhe que ele tinha de entrar na briga. Afinal, uma grande parte de seu apelo eleitoral sempre tinha derivado, desde os tempos da Escola de Direito de Harvard, de sua capacidade de "transcender a raça", de convencer brancos e negros de que, como um homem birracial e multicultural, compreendia suas esperanças e seus medos, podendo ser um presidente para todos os norte-americanos. Ao forjar sua mensagem política, ele tinha aprendido com ativistas da justiça social de décadas passadas, homens como o padre John Egan e Geno Baroni, de Chicago — que terminou como secretário-assistente no Departamento de Habitação e Desenvolvimento Urbano na presidência de Jimmy Carter. Esses homens acreditavam com ardor que o problema da pobreza transcendia a questão racial e que a melhor forma de organizar comunidades era mostrar aos pobres de todas as cores o que eles tinham em comum.

"Temos que lidar não apenas com as questões econômicas, mas também com a questão cultural dos diversos grupos americanos e seu pluralismo", disse Baroni à plateia de uma mesa-redonda em Washington, patrocinada pelo American Enterprise Institute, em janeiro de 1978. "A única forma que encontraremos de lidar com esse suposto conflito inevitável entre os grupos é encontrando questões convergentes e comuns entre eles e investindo um longo tempo na solução dos problemas de emprego, moradia, educação e saúde."[1]

Isso prenunciava à perfeição o credo de Obama. "Uma das coisas que eu considero o movimento comunitário capaz de fazer sem se envolver diretamente na política eleitoral", disse ele a uma plateia em 1990, "é arar o solo para que, quando chegarem as eleições e os políticos aparecerem com suas promessas e sua demagogia, um trabalho suficiente já tenha sido feito, de forma que a demagogia seja, não digo ineficaz, mas menos eficaz, porque haverá algumas vozes para se contrapor a ela."[2]

Um ano após esse discurso, tal capacidade de cruzar fronteiras raciais lhe permitiu vencer a eleição para a presidência da *Harvard Law Review*, derrotando outros 18 candidatos. Numa época de tensões raciais bastante pronunciadas em Harvard — estudantes negros estavam em campanha para que a universidade contratasse mais professores pertencentes a minorias, enquanto os estudantes brancos conservadores, muitos deles simpáticos à recém-criada Federalist Society, atacavam intelectualmente a ação afirmativa —, Obama conquistou o apoio tanto de negros quanto de brancos. Muitos de seus simpatizantes eram razoavelmente conservadores, mas, em grande parte devido às suas já desenvolvidas habilidades como ouvinte, acreditavam que Obama, apesar de suas crenças liberais, atuaria como conciliador. (Ironicamente, Judson Miner, o advogado que contratou Obama para trabalhar em seu escritório de direitos civis depois que ele se graduou, esbarrou com seu nome pela primeira vez após essa eleição, quando um pequeno jornal de Chicago publicou uma reportagem cheia de erros dizendo que um garoto local, de um conjunto habitacional pobre, tinha se dado bem e sido eleito para chefiar a *Harvard Law Review*.)[3]

Obama tinha tanto sucesso em transformar oponentes em amigos, lembra o professor David Wilkins, que, vinte anos mais tarde, quando investigadores do Partido Republicano tentaram desencavar alguma sujeira sobre sua gestão à frente da *Law Review*, não conseguiram achar nada. Mesmo as pessoas que não gostavam de suas posições políticas o apreciavam e confiavam nele como pessoa, julgando sua atuação à frente da *Review*, honesta e transparente. Aquele foi, na opinião de Wilkins, "um sinal precoce e muito importante de sua notável capacidade para construir pontes sobre as diferenças".[4]

Todos aqueles anos aperfeiçoando a arte da empatia tinham dado a Obama a capacidade de demonstrar, nos limites de um discurso ou de um trecho de livro, que compreendia a queixa dos negros sobre sua cidadania eternamente adiada e também a sensação de muitos brancos de que, com leis como a da ação afirmativa, estavam sendo injustiçados. "Ele não parte de um terreno de nacionalismo negro ou mesmo de um terreno afrocêntrico. Parte de algo que se parece mais com um arco-íris e presta atenção a cada faixa do espectro", diz Julianne Malveaux, presidente do

Bennett College. Durante os longos meses de campanha de 2008, Malveaux foi muito crítica a Obama em algumas ocasiões, por acreditar que ele não enfatizava mais agressivamente em seus discursos os interesses da raça. Mas reconhece o poder de sua retórica inclusiva. "Ele é claramente um conciliador", afirma.[5]

No entanto, apesar de todo o trabalho conciliatório que Obama e outros tinham feito durante os mais de dez anos que ele havia passado no palco político, as palavras de Wright ameaçavam agora abrir novamente todas aquelas divisões e desconfianças. Obama sabia que, depois de seu cuidadoso esforço para pintar sua candidatura como, em certos aspectos, pós-racial, as palavras do homem que ele reconhecia como responsável por tê-lo introduzido no cristianismo — o homem que havia celebrado seu casamento com Michelle e sobre quem, certa vez, ele dissera a um repórter representar "o melhor que a igreja negra tem a oferecer"[6] — tinha o potencial de deixá-lo com a fama de "negro brigão". Obama sabia que, se o discurso se tornasse racial e não fosse colocado em seus próprios termos, provavelmente perderia a eleição. Assim, a despeito dos assessores que lhe recomendavam fingir-se de morto — como disse John Kupper, "isso é algo de que devemos nos esquivar, não confrontar diretamente" —, ele escolheu intervir.

Foi o maior lance de dados de sua vida, mas ele não tinha muita escolha. Tratava-se de uma espada que, se ele não quebrasse ao meio, o trespassaria. Era um momento de tudo ou nada para sua candidatura. Embora as gravações de Wright tivessem emergido tarde demais para que Hillary Clinton garantisse a maioria dos delegados eleitos, as palavras do pastor tinham o potencial de assustar os superdelegados e empurrá-los para o lado dela. E mesmo que isso não acontecesse, poderiam fazer Obama chegar à disputa final contra os republicanos como um candidato mortalmente ferido.

Por insistência de Obama, sua equipe de campanha programou um discurso para todo o país no histórico Constitution Center da Filadélfia, no dia 18 de março. Barack Obama cancelou compromissos já agendados e se pôs a trabalhar pessoalmente num discurso que, ele sabia, precisaria educar a audiência sobre as nuances da cultura negra e, ao mesmo tempo, assegurar aos eleitores de todas as cores que sua administração não seria sectária.

Passou a noite da véspera em claro, dando os retoques finais num discurso grandioso sobre o papel da raça na vida norte-americana chamado "Uma união mais perfeita" — enviado por e-mail para David Axelrod apenas às 6 horas da manhã do dia do evento. Por mais improvável que parecesse, aquele discurso não apenas resgataria sua candidatura, mas a tornaria muito mais forte.

Sim, ele discordava de muitas das posições do reverendo Wright, considerava algumas delas "profundamente distorcidas", "não apenas equivocadas, mas divisivas" e "cheias de acusações raciais num momento em que precisamos nos unir". Mas, ao mesmo tempo, Wright era também um porta-voz incansável dos pobres e dos fracos, um apóstolo da esperança quando pessoas demais estavam imersas em desespero.

Num trecho que ganhou fama quase instantânea, Obama disse o seguinte sobre seu antigo pastor: "Eu não posso deserdá-lo, da mesma forma que não posso deserdar a comunidade negra. Não posso deserdá-lo como não posso deserdar minha avó branca — uma mulher que ajudou a me criar, uma mulher que se sacrificou vezes sem conta por mim, uma mulher que me ama tanto quanto ama qualquer coisa neste mundo, mas uma mulher que certa vez me confessou sentir medo de um negro com quem cruzou na rua e que, em mais de uma ocasião, externou estereótipos raciais ou étnicos que me deram calafrios. Essas pessoas são parte de mim. E são parte dos Estados Unidos, este país que eu amo."

Ao longo de mais de meia hora de discurso, Obama voltou reiteradamente ao tema da economia, usando uma explanação sobre raça para passar a algo diferente: um legado de oportunidades negadas, jovens negros cada vez mais canalizados para as prisões ou mortos prematuramente, e jovens brancos incapazes de atingir o status de classe média concedido a seus pais. Falou da necessidade de união diante de problemas universais. "Nós queremos", disse à sua audiência, "falar das escolas decadentes que roubam o futuro de crianças negras e crianças brancas e crianças asiáticas e crianças hispânicas e crianças índias... queremos falar sobre como as filas nas emergências hospitalares estão cheias de brancos e negros e hispânicos que não possuem planos de saúde, que não têm poder para, sozinhos, derrotar os interesses especiais em Washington, mas que podem conseguir isso se agirem juntos."

Obama passou a imagem, na Filadélfia e em tantos outros locais, de um grande boxeador, aparentemente cambaleando para trás, na defensiva, quase tocando as cordas, para então se esquivar de seu oponente e avançar outra vez, recuperando o controle do ringue com um passo de cada vez.

Se havia um tema central no discurso de Obama na Filadélfia, este era a noção de empatia. Sua linguagem convenceu os ouvintes de que ele era capaz de compreender as aflições e dores de gerações de afro-americanos pobres. Ele falou de áreas urbanas negras nas quais os serviços públicos eram dramaticamente carentes; de bancos que punham comunidades inteiras na lista negra; de escolas segregadas e prisões cheias de jovens negros de ambos os sexos. Ao mesmo tempo, suas palavras convenceram os ouvintes de que ele também conseguia entender as frustrações dos brancos para quem a ação afirmativa e outros programas de justiça social atravancavam seus próprios sonhos. Ele falou de brancos economicamente vulneráveis que se tornavam amargos quando lhes diziam para "mandar seus filhos de ônibus para o outro lado da cidade", e furiosos "ao ouvir que um negro está levando vantagem na disputa por um emprego ou uma vaga numa boa escola por causa de uma injustiça que eles próprios nunca cometeram".

No dia seguinte, o *New York Times*, radiante, escreveu que "Obama invocou os valores fundamentais da igualdade de oportunidades, equanimidade e justiça social. Atacou de frente o tema da raça, para em seguida ir além e falar com empatia sobre a classe trabalhadora branca e a praga dos trabalhadores destituídos de emprego e seguro-desemprego".[7]

Obama "aprende com a cabeça e o coração", observa Charlie Halpern, citando temas de seu livro *Making Waves and Riding the Currents: Activism and the Practice of Wisdom* [Fazendo ondas e surfando a correnteza: o ativismo e a prática da sabedoria]. "Ele tem um domínio empático da história. E o aprendizado, para ele, significa educar o coração, assim como a cabeça. Ele já se imaginou na pele dos escravos nos navios negreiros. Acho que se imaginou na pele do branco Allan Bakke (que instaurou um processo legal contra a ação afirmativa) e de outras pessoas para as quais os negros estão sendo privilegiados e elas, passadas para trás. E faz isso de um jeito que não implica apenas o domínio dos fatos. Essa é uma qualidade rara e tem a ver com sua presença, com o modo como dá atenção às pessoas que conversam com ele. Algo muito raro na política americana."[8]

Existe uma história, talvez apócrifa, sobre pesquisadores que bateram à porta de uma casa dilapidada numa área rural da Virgínia, no outono de 2008. A dona da casa atendeu. *A senhora se incomodaria de nos dizer em quem está planejando votar?*, perguntaram. *Ah*, disse a mulher, *eu não decido essas coisas. Isso é com o meu marido.* Os pesquisadores lhe pediram então que, por favor, descobrisse com seu marido em quem eles estavam planejando votar. *Querido*, gritou ela, *tem umas pessoas aqui perguntando em quem nós vamos votar.* Do andar de cima da casa veio a resposta: *Diz que nós vamos votar no crioulo!*

A anetoda é horrível — na rudeza da linguagem, nas camadas casuais e irrefletidas de ódio que o comentário do dono da casa revela — e, ao mesmo tempo, estranhamente reveladora. Obama tem a capacidade de conquistar o apoio até de pessoas que sempre foram visceralmente, descuidadamente racistas. Se conseguir salvar a economia norte-americana, é mais do que provável que, em 2012, o mesmo homem vote por sua reeleição, mas desta vez sem os epítetos racistas. Para tomar emprestada uma imagem de Lincoln, Barack Obama tem o poder de despertar os melhores anjos em muitos, muitos norte-americanos.

"Aprendi a ir e voltar entre meus mundos, o negro e o branco", escreveu o jovem Obama em *A origem dos meus sonhos*. "Compreendi que cada um deles tem sua própria linguagem, costumes e estruturas de sentido, e fiquei convencido de que, com algum trabalho de tradução da minha parte, os dois mundos acabariam por se juntar."[9]

Existe, claro, uma lição a ser tirada do caso Jeremiah Wright. Apesar de seu senso de lealdade, Obama sabe quando se livrar de um fardo. Quando Wright continuou a desafinar o coro, mesmo depois do discurso da Filadélfia, fazendo uma série de declarações bizarras, incendiárias e autoelogiosas, Obama, irritado, rompeu publicamente com seu antigo mentor num discurso em Hickory, na Carolina do Norte, no dia 29 de abril. "O que ficou claro para mim é que ele está apresentando uma visão de mundo que contradiz aquilo que sou e aquilo que represento", disse. "E o que, eu acho, mais me enfureceu foi sua sugestão de que, de alguma forma, minha condenação anterior de suas declarações era uma espécie de farsa política. Qualquer um que me conheça e conheça o que eu faço sabe que meu negócio é tentar construir pontes e enxergar o que existe em comum em todas as pessoas."

Foi um fato dramático e fartamente noticiado, com a raridade do desconforto emocional do candidato servindo para sublinhar a seriedade da briga. O subtexto era claro: Wright era um franco-atirador, um homem mais interessado nos holofotes do que em curar as feridas da nação. De sua boca saíam *suas* palavras, só elas — palavras que, como agora deixava claro, o candidato Obama passara a considerar de extremo mau gosto.

Desse momento em diante, as tentativas do Partido Republicano de ligá-lo a Wright — como na saraivada de anúncios em estados divididos como a Pensilvânia, nos derradeiros dias da campanha eleitoral — não tiveram impacto nas pesquisas de opinião. Como havia ocorrido com Rezko e Ayers, Wright se tornou um homem invisível. Sim, republicanos renitentes ainda invocavam seu fantasma quando advertiam o país de que Obama era um "candidato da Manchúria", um impostor. Mas os independentes não se deixaram convencer em números significativos a votar contra Obama por causa da suposta demagogia de Wright.

Barack Obama tinha sobrevivido a um episódio potencialmente devastador. Ainda estava no comando de sua própria história.

Capítulo 6
Curiosidade

Os escritos e discursos públicos de Obama evidenciam um intelecto extraordinariamente versátil e abrangente. Como o dissidente tcheco que virou líder da nação, Václav Havel, ele é um tipo raro de animal político: um profissional pragmático com veia de poeta. "Ele é certamente o sujeito de talento mais ofuscante que já conheci. Abarca um campo tremendamente vasto, tanto por sua memória quanto por sua gama de interesses e seu domínio de história", diz seu ex-colega de escritório de advocacia George Galland. "Existem muito poucos temas sobre os quais Barack não tem uma respeitável base de conhecimentos."[1]

Quando se trata de música, Obama é fã de jazz, gosta de rhythm'n'blues, cresceu idolatrando músicos de soul e curte alguma coisa do rap. Segundo a revista *Rolling Stone*, suas preferências musicais incluem Stevie Wonder, Bob Dylan (em especial a canção "Maggie's Farm" e o disco *Blood on the Tracks*), Bruce Springsteen, Rolling Stones e até Grateful Dead.[2] O entusiasmo é recíproco: esses músicos adoram Obama. Springsteen cantou ao lado de um geriátrico Pete Seeger no show pré-posse; Dylan, que sempre fez questão de jamais apoiar figuras da política, quebrou esse padrão para dizer ao público que Obama representava uma mudança maciça para melhor — seu momento "Times They Are A-changin'", quase meio século depois. Stevie Wonder fez uma apresentação privada na Casa Branca logo após a posse.

Segundo todos os relatos, a curiosidade de Obama foi instigada nele por sua mãe, Stanley Ann. Ela se definia, escreveu ele em 2004, no prefácio de *A origem dos meus sonhos*, por "sua alegria, sua capacidade de se maravilhar".[3]

Quando a família morou em Jacarta, na Indonésia, no final dos anos 1960, Ann ensinava inglês. Diferentemente de muitos filhos de expatriados, que eram matriculados numa escola exclusivamente norte-americana, Barry frequentava escolas locais. Aprendeu indonésio e era mantido afiado em inglês pelas aulas que a mãe lhe dava nas primeiras horas da madrugada. Dia após dia, encarava de frente uma cultura diferente, aprendendo a comer coisas exóticas — inclusive, como escreve em suas memórias, cachorro e cobra —, ouvindo o chamado islâmico para a prece da manhã, vendo de perto a doença e a pobreza de um país em desenvolvimento. Onde quer que Ann fosse, os filhos iam. A eles se permitia — ou melhor, deles se esperava — que tomassem parte nas conversas dos adultos. Os filhos de Ann, lembra Maya, foram criados "de um modo muito diferente de um monte de americanos".[4]

No início dos anos 1970, quando o casamento de Ann e Lolo descarrilou, ela tomou a decisão de mandar Barry de volta ao Havaí para morar com os avós. Um ano depois, retornou também, com a pequena Maya a reboque. A essa altura Obama já era um estudante bolsista na Punahou Academy, a principal escola de elite do Havaí. Como as escolas para crianças privilegiadas nos estados do nordeste norte-americano ou na Europa, a Punahou tinha uma missão: além de dar aos estudantes uma educação completa e rigorosa, esperava inculcar neles um sentido de *noblesse oblige*: aqueles a quem muito era oferecido, rezava sua cartilha, têm o dever de dar muito em troca. Esse credo era direcionado à elite rica que compunha a vasta maioria do corpo estudantil; no entanto, também foi adotado de coração por Obama — um jovem de origem não privilegiada a quem fora dada a chance de uma vida: colher os frutos de uma escola como a Punahou.

Pelos anos seguintes, Ann e seus dois filhos viveram num pequeno apartamento em Honolulu. Quando Ann começou a viajar longamente para a África e a Ásia, trabalhando com populações rurais pobres e enviando relatórios a agências internacionais de desenvolvimento, Barack passou a morar com os pais dela, Madelyn e Stanley Dunham, em seu pequeno condomínio próximo à praia. Periodicamente, como escreveria mais tarde, a ausência de seu pai, combinada à semiausência de sua mãe, fazia-o sentir-se "um órfão". Contudo, e ao mesmo tempo, ele claramente se comprazia com o escopo das experiências e a gama de interesses que sua mãe trazia para casa.

Quando a turma de Obama se formou, no dia 2 de junho de 1979, o então diretor da Punahou, Roderick McPhee, leu para eles uma velha admoestação, frequentemente atribuída a Ralph Waldo Emerson, mas provavelmente escrita por uma mulher chamada Bessie Stanley no início do século XX.[5] McPhee recomendava aos estudantes, quando saíssem para enfrentar o mundo,

> *Rir sempre e muito;*
> *Conquistar o respeito das pessoas inteligentes e a afeição das crianças;*
> *Merecer a apreciação dos críticos honestos e suportar a traição dos falsos amigos;*
> *Apreciar a beleza, encontrar nos outros o que eles têm de melhor;*
> *Tornar o mundo um pouquinho melhor, seja por meio de um filho saudável, um pedaço de jardim ou uma condição social melhorada;*
> *Saber que pelo menos uma vida foi tornada mais fácil porque você existe.*
> *Isso é ser bem-sucedido.*

Forçando os limites

Depois de se formar na Punahou, Obama queria se estabelecer no continente, numa cidade com uma vida intelectual mais rica que a de Honolulu. Assim, inscreveu-se no Occidental, uma faculdade de artes liberal de Los Angeles, cidade-símbolo da reinvenção pessoal.

Em Los Angeles, onde o jovem estudante do Havaí procurava ampliar seus horizontes, ele convivia — como escreveria mais tarde — com "professores marxistas, feministas estruturalistas e poetas performáticos punks. Fumávamos cigarros e usávamos jaquetas de couro. À noite, nos dormitórios, discutíamos o neocolonialismo, Frantz Fanon, o eurocentrismo e o patriarcado".[6] Esta é, para dizer o mínimo, uma lista de amigos e referências intelectuais que você não vê com frequência um ambicioso político americano mencionar. Fanon, que nasceu na ilha caribenha de Martinica, mas passou a maior parte da vida adulta na Argélia, antes e depois de o país se tornar independente da França, escreveu um livro chamado *Os condenados da Terra*, que fazia apologia às revoltas violentas não apenas contra o governo colonial, mas também contra os colonos estabelecidos no norte da África.

Obama frequentou os concorridíssimos cursos do professor Roger Boesche, chamados "O pensamento político americano" e "O pensamento político europeu: de Nietzsche ao presente", e, neste último, leu obras do filósofo, como *Além do bem e do mal* e *Assim falou Zaratustra*. Boesche era um professor de esquerda, mas em geral mantinha sua própria visão política fora das discussões em sala de aula. Em suas palestras, referia-se com frequência a Karl Marx — todo mundo no Occidental naqueles anos, afirmou Boesche, parecia carregar para cima e para baixo um volume de Marx e Engels —, mas também era rápido em citar Thomas Jefferson e os Documentos Federalistas. Além das obras de Nietzsche, Obama deve ter lido para esse curso Sigmund Freud, sociólogos, como Émile Durkheim e Max Weber, e estudiosos e figuras revolucionárias, como Lenin, Rosa Luxemburgo e Herbert Marcuse. Provavelmente, leu também o existencialista Jean-Paul Sartre, assim como o filósofo Michel Foucault.[7]

Anos mais tarde, quando substituiu um enfermo Ted Kennedy num discurso de boas-vindas aos estudantes de Wesley, Obama creditou a seus tempos no Occidental e às aulas que teve lá o início de seu interesse pelo mundo das ideias e também pelas políticas públicas de justiça social.

A curiosidade do jovem estudante, porém, não se limitava à leitura sobre ideias. Também tinha a ver com a vontade de experimentar novas sensações. Na adolescência e nos primeiros anos da vida adulta de Obama, como ele mesmo reconhece prontamente, essa curiosidade o levou a experimentar uma vasta gama de drogas. Ele bebia muito, desenvolveu o vício do cigarro, fumou maconha, admitiu — em frase famosa — ter dado "uns tecos" (cocaína), e descreveu sem arrependimento sua busca por novos baratos e sensações químicas. Em *A origem dos meus sonhos*, conta em detalhes como esteve perto de experimentar também heroína no início dos anos

1980 — num quarto com um usuário, braço já estendido para levar a picada. E então, intuindo a espiral descendente que aquela escolha provavelmente deflagraria, desistiu.

O reconhecimento de seus próprios limites, da necessidade de calcular o risco antes de embarcar num curso de ação, atuou como seu anjo da guarda, permitindo-lhe evitar uma escolha de vida que poderia facilmente desviá-lo para a autodestruição. O episódio pressagiava um futuro em que sua curiosidade seria mais contida. Sem tais limites, Michelle Robinson provavelmente jamais teria, segundo amigos, deixado Obama entrar em sua vida. "Ambos [Barack e Michelle Obama]", diz Elizabeth Hollander, amiga de Michelle e professora sênior do Tisch College de Cidadania e Serviço Público, da Universidade Tufts, "acreditam que muito se espera de quem muito recebe. Mas mesmo isso não é exato. Não se trata apenas disso. Deve-se levar uma vida disciplinada. Os dois passam essa sensação. Aquilo que precisa ser feito precisa ser feito. Mesmo que seja difícil. Foram essas as lições que ele aprendeu quando sua mãe o acordava às quatro da manhã" para lhe ensinar inglês, quando eles moravam na Indonésia.[8] E foram também as lições que Michelle aprendeu vendo seu pai, deficiente físico, sair para o trabalho todos os dias a fim de trazer para casa o dinheiro que acabaria por permitir que seus dois filhos frequentassem as melhores universidades do país. Barack parou de usar drogas e reduziu seu consumo de álcool a uma ou duas cervejas, uma ou duas taças de vinho por vez. Como disse à revista *Rolling Stone*,[9] ele havia posto "seus demônios para fora" nos tempos de estudante, passando então a coisas melhores. O maior legado dessa experimentação parece ser uma dependência não superada de nicotina — um Marlboro ocasional, filado de um amigo, é o vício mais visível do 44º presidente norte-americano.

A descrição feita por Obama de seu envolvimento casual com drogas é surpreendentemente franca. Ao contrário de Bill Clinton, que todo mundo sabia ter fumado maconha nos anos 1960, mas que cortou um dobrado para implausivelmente negar que tivesse tragado, Obama, quando lhe fizeram essa pergunta, disse algo parecido com: "É claro que eu traguei. Essa era a ideia." Tal honestidade é enternecedora. Quase todo mundo consegue entender isso, seja por experiência própria, seja por meio da experiência de filhos, primos ou amigos. A admissão do uso de substâncias ilegais no passado acaba soando sincera, e não comprometedora. Assim, quando companheiros democratas tentaram usar tais atos assumidos contra Obama nas primárias, assim como o Partido Republicano na campanha presidencial, as acusações caíram em ouvidos moucos. Seus oponentes pareceram surpresos com isso: afinal, segundo uma lógica política convencional, após décadas de retórica linha-dura contra o crime, o fantasma de um negro corrompido pelas drogas deveria ter destroçado a credibilidade de Obama. Mas ele parecia ter detectado corretamente uma mudança nos sentimentos do público. Simplesmente, a maioria dos eleitores não estava interessada em ver o comportamento pessoal de um jovem usado, um quarto de século depois, para julgar um adulto maduro. A equipe de assessores de Obama, em vez de se apressar a emitir comunicados para "esclarecer" a posição de seu candidato em relação às drogas, limitou-se a ignorar o assunto. A tática funcionou. Longe de virarem tempestades a turvar o caminho da elegibilidade, as alegações de uso de drogas não ultrapassaram a dimensão de copos d'água.

O *cool*, o uísque e as pragas

Por sua personalidade *cool*, muitos comentaristas já compararam Barack Obama ao grande trompetista de jazz Miles Davis, cuja música, ao lado da de Thelonious Monk, Charlie Parker e John Coltrane, o presidente admira profundamente. Mas, como diz Robin Kelley,[10] a analogia não é simples. Obama é muito diferente da pessoa de Miles Davis — que era notoriamente cheio de arestas, explosivo e imprevisível, com sua frieza parecendo sempre mascarar uma violenta fúria subterrânea. Em vez de se parecer com o próprio Davis, Obama é, segundo Kelley, mais como sua música dos anos 1950, na época do álbum *Birth of the Cool*.

Na personalidade de Obama "não há perigo nenhum. Pelo contrário, há apenas segurança. Se há uma similaridade, não é com a pessoa de Miles Davis, mas com a trilha sonora de Miles Davis. A trilha que ele carrega consigo é meio blues, *kind of blues*", acredita Kelley, num trocadilho com outro disco do músico, *Kind of Blue*, de 1959. A analogia se estende também à música do trompetista Chet Baker: suave, plangente. Obama, diz Kelley, representa a elegância sob fogo cruzado. "Há um certo período de Miles, nos anos 1950 e início dos 1960, que dá ao ouvinte uma sensação de calma, conforto e até mesmo de suave balanço. Não há a menor frivolidade ali. É tudo muito, muito, muito *cool*." Kelley observa que uma característica de Miles Davis é que "ele sempre tocou a trilha sonora do seu tempo. Acredito que para Obama, em certo sentido, sua identificação com Kennedy, mais do que com Lincoln, é extremamente importante. Porque de alguma forma Kennedy foi o presidente perfeito para sua época. Era o tempo do *cool*, do *cool* americano. A música ficou *cool*. As roupas ficaram *cool*. *Cool* se tornou o adjetivo do momento, no meio da Guerra Fria. Em certo sentido, o que as pessoas acham atraente em Obama não é ele ser um presidente hip-hop, mas ser uma espécie de Kennedy ressuscitado. Ele representa uma volta àquele tempo em que as pessoas acham que as coisas eram muito melhores, que a vida era melhor, que tudo acabaria bem. Porque os Estados Unidos eram hegemônicos. O *cool* americano tem tudo a ver com isso. O Império Americano do pós-guerra, o século americano. 'Somos a nação mais poderosa da Terra.' Obama, sob alguns aspectos, investe nessa ideia, a do século americano".

Esse investimento aparece numa grande variedade de cenários. Quando, por exemplo, os Obama estavam procurando um decorador para remodelar a área residencial da Casa Branca, acabaram por escolher Michael Smith, jovem designer de Los Angeles que se especializou em criar interiores clássicos e arejados misturando materiais caros e ultrabaratos. Não completamente

Velho Mundo, mas também não inteiramente *nouveau*. Na verdade, a marca do designer é uma fusão consciente e sumamente americana de estilos. Smith, cuja lista de clientes de elite inclui nomes como Steven Spielberg e o tubarão da mídia Rupert Murdoch, é conhecido por adquirir suas peças em lojas populares como Target e Urban Outfitters e, ao mesmo tempo, em butiques mais seletivas — um estilo eclético de compras que guarda semelhança com aquele que, dizem, Michelle Obama usa ao montar seu guarda-roupa.

Seja em suas preferências de leitura, seja pensando sobre decoração de interiores, Obama é uma encarnação daquele fenômeno que só ocorre uma vez em cada geração: o presidente intelectual. No final do século XIX, o presidente James Garfield, professor de línguas clássicas, era, diziam, capaz de escrever com as duas mãos ao mesmo tempo — com uma em latim, com a outra em grego antigo. No início do século XX, Teddy Roosevelt, um dos poucos presidentes a ocupar a Casa Branca com menos idade do que Obama, escrevia e lia com voracidade, frequentemente criando grandes políticas públicas inspiradas em livros com os quais tinha tropeçado. Pelo menos em parte, a regulamentação do mercado de carne, por exemplo, foi resultado direto da fascinação de Roosevelt pelo livro *The Jungle* [A selva], do jornalista investigativo Upton Sinclair. Quando jovem, Winston Churchill, talvez o mais acabado escritor-político do século XX, tomou Roosevelt como modelo, para irritação deste. Woodrow Wilson, alguns mandatos depois, era um cientista político altamente talentoso, um doutor que já fora reitor da Universidade de Princeton. No início dos anos 1960, John Kennedy também se apresentava como um homem de ideias. Camelot — termo que, segundo pessoas próximas ao poder naquele período, deve ser creditado à primeira-dama Jackie Kennedy — era mais do que um corpo administrativo de tecnocratas politicamente argutos: a ideia era conjurar a imagem de pensadores intrépitos, de *cavaleiros* que perseguiam ideais.

"Era divertido, porque ele era uma das pessoas mais estimulantes que você podia querer como companhia", recorda Richard Donohue,[11] assistente e amigo de Kennedy por longo tempo, hoje vice-presidente do conselho da Biblioteca Kennedy. "Ele tinha uma mente muito vivaz e muito católica. Em outras palavras, você nunca sabia no que ele estaria interessado. Você abria a porta, e ele podia começar a falar de beisebol, política, governo. Conseguia passar de um assunto a outro rapidamente. Sua cabeça mudava de uma coisa para a outra de modo instantâneo. Basicamente, ele jamais esquecia uma conversa." Nos anos 1990, Donohue trabalhou com Barack Obama no conselho da Fundação Joyce, de Chicago. Donohue viu em Obama — como havia visto em Kennedy — um homem de temperamento artístico que era "inteligente como o diabo. Há alguma equivalência entre ele e Kennedy em termos de capacidade intelectual. Kennedy foi o homem mais inteligente que já conheci. Obama vem em segundo lugar, perdendo por pouco. Ele é muito, muito bom. Consegue assimilar informação com uma agilidade inacreditável. Não apenas a absorve, mas é capaz de repetir o que acabou de ler. Se você alguma vez lhe der uma informação que, depois, não se confirme, ele vai perceber isso com rapidez".

Enquanto George W. Bush era amplamente criticado por sua impressionante falta de curiosidade — Al Gore disse uma vez que o que mais o desapontou na presidência de Bush foi a ausência de engajamento intelectual do comandante-em-chefe —, Obama pode reivindicar tranquilamente um lugar no rol dos presidentes mais movidos a ideias da história dos Estados Unidos. "Ele é um leitor voraz e tem uma curiosidade insaciável", afirma o professor Douglas Brinkley.[12] "Seu estilo é algo que não vemos desde John Kennedy." Obama é, acrescenta Brinkley, "meio artista. Sempre fico fascinado de ver o quanto ele leu e o quanto sabe. Ele parece ler de um modo que aquilo tem efeito sobre ele. Não é um fanático de políticas públicas, que só quer saber de acumular informação. Ele deixa que a informação flua dentro dele pela via da emoção. Isso acontece com amantes de livros que são muito inteligentes".

Em suas memórias, Obama descreve sua chegada a Manhattan, após a decisão de se transferir do Occidental para a Universidade de Columbia, pois queria experimentar Nova York, além de um clima intelectual mais quente. Passou sua primeira noite dormindo num beco, depois que tentou sem sucesso contatar o amigo de um amigo cujo apartamento iria sublocar. Mais tarde, segundo escreveu, viveu em apartamentos úmidos e frios, e ficava acordado até de madrugada ouvindo Billie Holiday, bebendo uísque e fumando cigarros na escada de incêndio. Há uma certa qualidade que lembra Walt Whitman ou Jack Kerouac na visão que ele apresenta de si mesmo quando jovem, assim como da cidade que o cercava. "Cada vez mais, o velho nome se impregna em mim, Manhattan, 'lugar cercado de correntes velozes e águas espumantes'. Que nome apropriado para a grande cidade insular e democrática do país! E a palavra mesma, como é bela! Tão indígena! Como parece se erguer em pináculos altos, brilhantes ao sol, com atmosfera, paisagens e ação tão próprias do Novo Mundo!", escreveu Whitman.[13]

Nova York é uma cidade feita sob medida para os sonhos, saturada de pessoas e ideias de todas as partes do mundo. Era, em suma, perfeita para um jovem com a formação poliglota e as experiências de Obama. Ele passava horas explorando sua nova cidade, absorvendo a atmosfera e a sensação de que velhos mundos entravam em colisão enquanto novos mundos surgiam. "Passei um ano andando de uma ponta a outra de Manhattan", escreveu em *A origem dos meus sonhos*. "Como um turista, observei toda a gama de possibilidades humanas ali exposta, tentando traçar meu futuro a partir da vida das pessoas que via."[14]

Depois de se formar na Universidade de Columbia e aceitar um emprego como organizador comunitário, Chicago, lar de escritores fortes e corajosos como Nelson Algren e Studs Terkel, passou a assumir o mesmo papel em sua psiquê. O reverendo Alvin Love, um dos mais antigos amigos de Obama em Chicago, recorda que também lá ele passava horas caminhando, frequentemente em áreas violentas, à procura de igrejas em que pudesse, por meio de conversas, tentar envolver os pastores em seus esforços de organização comunitária.[15] Obama era e continuaria sendo um homem da cidade grande. Anos mais tarde, quando ele e seu companheiro no Senado estadual Bill Haine se envolveram num debate parlamentar amigável sobre os méritos de obrigar motoristas de veículos 4x4 a usar capacete, Obama apoiou o projeto de lei e Haine foi contra. A maioria dos acidentes com esse tipo de veículo, disse Haine, envolvia capotagens, não motoristas arremessados para fora do carro e caindo de cabeça no chão. Além do mais, prosseguiu ele, seus eleitores no sul do estado usavam seus 4x4 para "caçar pragas" em suas propriedades, e era um excesso de intromissão do governo exigir que eles usassem capacetes toda vez que vissem um bicho invadindo suas terras. Obama começou a rir tanto que não conseguia parar. "Caçar pragas!", exclamou, tentando recuperar o fôlego. Aquilo lhe parecia a coisa mais engraçada do mundo. "Ele é um cara da cidade", explica Haine. "Achou simplesmente hilariante."[16] O projeto de lei foi derrotado.

Lendo Obama — suas memórias, os ensaios que escreveu para publicações pouco conhecidas quando era um ativista comunitário, as contribuições que fez para livros de amigos quando era senador federal —, estamos diante das palavras de um pensador que não está preso a uma única ideologia. Em vez disso, são palavras de um humanista, um homem que tem o caos das grandes cidades norte-americanas agitando sua alma e a compreensão de que as pessoas não podem ser forçadas a se comportar do modo que você quer que se comportem; um homem dedicado a melhorar a condição humana mas não a implantar uma ortodoxia política. O Obama escritor, como o Obama político, é um sampleador: pega boas ideias de outros pensadores e joga fora a bagagem ideológica que as acompanha. Talvez seja por isso que ele goste do hip-hop que não é *gangsta*. Trata-se, disse a um entrevistador da Black Entertainment Television no início de 2008, de uma música inteligente e cheia de boas sacadas. Falando de artistas como Jay-Z e Kanye, Obama disse que "o modo como eles conseguem comunicar uma mensagem complexa num espaço muito curto é notável".[17] Embora tenha algumas reservas aos valores materialistas do hip-hop, ele reconhece sua eficácia em passar uma mensagem de grande envergadura para um público amplo. Os métodos de *sampling* do meio combinam perfeitamente com sua personalidade política.

O mundo é complexo demais para os slogans

Essa personalidade se desenvolveu ao longo de muitos anos em Chicago, com o auxílio de uma pessoa em particular. Se Obama teve um mentor depois que se formou em direito, esse mentor foi Abner Mikva, um homem que, anos antes, havia recebido uma recusa de Obama ao lhe oferecer, sem jamais tê-lo visto, uma vaga de funcionário do Tribunal de Apelações. Dono de uma mente legal hábil, Mikva tinha trabalhado para o Legislativo de Illinois e para o Congresso Americano. Também tinha feito uma ponta como conselheiro da Casa Branca na gestão Bill Clinton. Em meados dos anos 1990, estava de volta a Chicago, dando um curso sobre processo legislativo na Escola de Direito da Universidade de Chicago.

Embora tivesse ficado levemente surpreso com a rejeição à distância à sua proposta de emprego, quando encontrou o jovem Obama, alguns anos depois, agora como senador estadual e professor visitante da Escola de Direito, Mikva deixou-se cativar. Obama, lembra ele, "era extremamente lido. Ele lê com voracidade, ou pelo menos o fazia naquela época. Quase não havia um livro de que você falasse que ele não tivesse lido. Biografia política. Livros de história. Atualidades. Direito. Ele lecionava direito constitucional naquela época. Eu ensinava processo legislativo. Ele sempre foi fascinado pelo modo como o processo legislativo funciona e como ele se encaixa na Constituição". Para Mikva, o jovem "tinha simplesmente todos os talentos. Tinha personalidade, era inteligente, ponderado e interessado em todo tipo de coisas. Era eclético. Um monte de acadêmicos fecha o foco em sua especialidade e você não consegue fazê-los falar de mais nada, a não ser de seu pequeno território. Barack sempre foi um sujeito eclético, interessado em tudo, principalmente no que você estivesse fazendo. A universidade levava isso muito em conta".

Ao longo dos anos seguintes, Mikva funcionou como principal conselheiro político de seu jovem protegido. Eles conversavam sobre o que funcionava e o que não funcionava na presidência de Bill Clinton, como um homem com uma vida pessoal tão comprometida podia, mesmo assim, ter excelente desempenho eleitoral. Analisavam por que Harry Truman, um homem de educação modesta, fora tão bem-sucedido ao enfrentar o desafio de reconstruir a Europa do pós-guerra e de traçar as linhas mestras da estratégia norte-americana para a Guerra Fria. Discutiam as escolhas de Lincoln para o ministério, sua abordagem da escravatura e suas manobras para salvar a União. Obama compreendia, sentia Mikva, "que, especialmente quando no governo, as pessoas desempenham um papel que excede em muito seus méritos particulares". Não se faz história apenas aprimorando o próprio currículo. Como tantos outros tinham descoberto antes dele, Mikva concluiu que Obama era incrivelmente bom na compreensão de ideias complicadas.[18]

Obama entende que o mundo é dinâmico e complexo, disse um dos principais assessores de sua campanha. "Ele não foi criado em molduras tradicionais. Ele suspeita do dogma. Seu instinto é jamais começar a abordar um problema por uma estrutura ou noção simplificada."

O instinto de não reduzir o mundo a slogans implica uma visão política complexa e, da mesma forma, uma visão religiosa pluralista. Obama é religioso sem ser dogmático. Não é o tipo de pessoa que aceita o literalismo bíblico, que aceita que lhe digam exatamente como pensar sobre questões fundamentais. "Minha fé religiosa é fundada em alguma medida de dúvida. É por isso que é fé e não ciência. Quando eu leio as escrituras, interpreto constantemente: o que Deus está tentando dizer?", declarou ele a uma plateia nova-iorquina em 2004.[19] Obama gosta de chegar a suas próprias conclusões, acredita na evolução e não acha que sua religião o impeça de apoiar o direito feminino de escolher o que fazer em relação ao aborto. Sua fé é gentil, tolerante e também política. É influenciada pela teologia da libertação, pela herança da igreja negra norte-americana e, até certo ponto, por pensadores religiosos como Jim Cone, um teólogo negro que lecionava no seminário Union e que, em 1969, publicou o influente livro *Black Theology and Black Power* [Teologia negra e poder negro]. "Ser negro nos Estados Unidos tem muito pouco a ver com a cor da pele", escreveu Cone.[20] "Ser negro significa que seu coração, sua alma, sua mente e seu corpo estão onde estão os despossuídos." Para Cone, a teologia negra era um ideal emancipatório, uma afirmação da humanidade dos negros.

A fé de Obama é também ecumênica, bebendo não só no cristianismo, mas também nas outras grandes crenças do mundo. Ele foi claramente influenciado na infância pelo que chama de versão "tolerante" do Islã praticada na Indonésia dos anos 1960.[21] Também se comoveu profundamente lendo a autobiografia de Mahatma Gandhi e sua pregação de uma forma pacífica de hinduísmo.

Obama, diz seu velho amigo reverendo Love, está menos interessado nas minúcias da Bíblia do que nos quadros mais amplos pintados pelos autores do livro sagrado. "Talvez ele siga mais a linha de interpretar pensamento por pensamento, e não palavra por palavra. Qual é o pensamento que se tenta transmitir, e com que intenção? O que Deus está dizendo com essas pinceladas largas? Não se tratava de tentar memorizar e recitar cada palavra, Barack estava mais interessado em saber onde encontrar a palavra na Bíblia do que em ser capaz de recitar o capítulo e o versículo." Ele não tem medo de trazer valores religiosos para a mesa quando está discutindo alguma questão de política pública, mas não deixa a doutrina religiosa ditar as soluções. Com relação ao aborto, por exemplo, Love diz que Obama se recusa a pensar nas posições pró-vida e pró-escolha como extremos opostos. Em vez disso, afirma que todo mundo deve concordar que seria positivo reduzir o número de abortos feitos nos Estados Unidos.

A questão é: qual a melhor forma de fazer isso? Para Obama, aprovar leis proibindo o aborto apenas levaria a atividade para o mercado negro; por outro lado, aprimorar a educação e o acesso a métodos contraceptivos, entre outras medidas, ao mesmo tempo que se mantém o aborto legal, poderia produzir o efeito desejado.

O reverendo Robert Jones diz que, para Obama, a denominação religiosa não é importante. "Deus está no centro da mesa, por assim dizer, e todas as religiões apontam para o centro da mesa. As religiões podem não estar apontando a partir do mesmo lugar, mas todas apontam para o centro da mesa."[22] Jones, um experiente ativista comunitário que tinha uma igreja no sul de Illinois e que ajudou a apresentar Obama a igrejas e comunidades naquela região do estado quando ele concorria ao Senado federal, lembra-se de Obama visitando igrejas negras, batendo palmas com o coro e "dando seu depoimento como qualquer outra pessoa. Ele se inflamava". No entanto, o candidato não hesitava em divergir de algumas das posições sociais e religiosas mais conservadoras da Igreja: Obama e Jones diziam aos críticos que se tratava ali de uma candidatura a senador federal pelo estado de Illinois, não a uma vaga de pastor.

Sem imaginação não se sai do chão

Em *A origem dos meus sonhos*, Obama conta que, quando era garoto, visitou uma biblioteca local de Honolulu para pesquisar suas raízes ancestrais na África. Queria encontrar "meu próprio reino de magia, meu próprio direito de nascença glorioso".[23] Mais tarde, ouvindo o sermão do reverendo Jeremiah Wright sobre a audácia da esperança, viu aquilo deflagrar nele imagens de "histórias de negros comuns que se fundiam com as histórias de Davi e Golias, Moisés e o Faraó, os cristãos na arena dos leões, o campo de ossos de Ezequiel. Aquelas histórias — de sobrevivência, liberdade e esperança — tornaram-se nossa história, minha história".[24]

Será que isso aconteceu mesmo dessa forma? Não importa. Há uma licença poética implícita em *A origem dos meus sonhos*. Trata-se de um livro de memórias projetado mais para criar impressões do que para ser uma reprodução fiel e literal dos fatos.

Muhammad Ali, um dos heróis esportivos de Barack Obama — um homem cuja fotografia ficava exposta em seu gabinete do Senado em Washington e que compareceu à convenção nacional do Partido Democrata em Denver, em 2008, para ver Obama ser apontado oficialmente como candidato à presidência —, costumava dizer: "O homem sem imaginação não tem asas, não consegue voar."[25]

Obama compreende essa necessidade básica de imaginação, o fato de que o ser humano é, no fundo, um contador de histórias. Seu programa de TV preferido é a série *A escuta*, da HBO, sobre o duro submundo de Baltimore, que os críticos chamam de shakespeariana em sua envergadura dramática. (Shakespeare também é, aparentemente, um dos seus escritores favoritos.) Seu personagem preferido da série é Omar, um solitário artista do assalto à mão armada com paixão por tirar dinheiro dos vilões, um sujeito misterioso cuja motivação é impossível definir com precisão.[26] O filme favorito de Obama, dizem, é *O poderoso chefão*.[27] Todas essas histórias são, antes de mais nada, grandes histórias, míticas sagas americanas.

No interior do Quênia, procurando suas raízes ancestrais, Obama visitou sua avó idosa. Ela lhe presenteou com a carteirinha de Registro de Servidor Doméstico de seu avô, um documento que ele ganhara ao trabalhar como funcionário de colonizadores britânicos no período anterior à Segunda Guerra Mundial. E também com um maço de cartas que Barack Obama pai havia mandado para universidades norte-americanas solicitando uma bolsa de estudos, em fins dos anos 1950 e início dos 1960.

De pé junto às sepulturas de seu pai e de seu avô, cercado por mangueiras e milharais, Obama teve a sensação de que a paisagem se comprimia e desabava sobre ele. "Até que", escreveu em suas memórias, "restaram-se apenas uma série de imagens mentais, as histórias de minha avó tornadas vivas."[28]

Fragmentos, no fim das contas, são o que usamos para tecer a história de nossas vidas. Os líderes do movimento dos direitos civis sabiam que parte de sua força moral residia no fato de que o próprio movimento dos direitos civis havia se tornado uma narrativa. Mitos podiam ser fabricados com ele. Heróis podiam ser criados. A equipe de campanha, por sua vez, sabia que a saga de vida de Barack Obama, contada e recontada, poderia funcionar como um agente mobilizador em si mesma. Aquela história, sentiam eles, era forte o suficiente para catalisar um movimento não só em torno de questões de governo, mas em torno da própria personalidade do candidato. "É pela narrativa que aprendemos a exercitar nossas ações. Toda narrativa trata basicamente de escolhas — e escolhas feitas em condições de incerteza", explica Marshall Ganz, o principal personagem por trás do Camp Obama, com suas sessões de treinamento para milhares de jovens voluntários. "O que as histórias nos ensinam é como lidar com as condições que cercam nossa ação. Esse modo de lidar não tem tanto a ver com 'Qual é minha tática?', e sim com 'Como eu evito o medo? Como faço para ser criativo? Como ser esperançoso?' O conteúdo é muito mais emocional do que conceitual. As narrativas nos educam por meio da emoção. Não nos ensinam nada conceitualmente." As histórias que Obama conta sobre sua vida, diz Ganz, são projetadas de tal modo que o público possa concluir: "Saquei qual é a desse cara."[29]

Capítulo 7
Pensando fora dos parâmetros habituais

Mentes curiosas raramente se submetem a visões de mundo rígidas. Maya Soetoro-Ng, irmã mais nova de Obama, fala da importância da empatia, da necessidade de criar filhos "de uma forma que seja respeitosa mas também não autoritária". Desse modo, diz ela, eles terão mais possibilidades de, quando adultos, resistir às armadilhas do nacionalismo desenfreado, do militarismo, das ordens para cometer atos de violência e coisas do tipo. Ouvindo-a, você praticamente consegue escutar a voz de sua mãe, a voz que ajudou a moldar Maya e seu agora famoso irmão.

Como professora, Maya geralmente manda seus estudantes secundaristas no Havaí fazerem um exercício que ela chama de Jogo da Dúvida. Pegue alguma crença que lhe seja muito cara e ouse duvidar dela. "Você examina suas próprias crenças por dentro e se obriga a duvidar de tudo", explica ela. Depois, você deve tentar acreditar em coisas "que lhe pareçam inimagináveis", aprendendo a compreender como pensam as pessoas de quem você discorda e desenvolvendo sua capacidade de empatia. É um exercício um tanto parecido com aquele praticado por um famoso filósofo do século XVII, René Descartes. *Não pressuponha nada*, Descartes prescrevia a si mesmo. *Duvide de todas as suas crenças e então, com base na indução, no conhecimento adquirido com a experiência, reconstrua tudo a partir do zero*. O filósofo acabou por encontrar algo de que não podia duvidar: a crença em sua própria existência. "Penso, logo existo", concluiu. Para Maya, encorajar seus alunos a duvidar de tudo não os deixa confusos e sim, no fim das contas, com uma certeza mais firme. Do caldeirão da dúvida sai a "sabedoria".[1]

Obama também aborda os problemas sem pressupostos ideológicos rígidos. Isso se reflete em sua escolha de assessores, em seu desejo de ouvir todos os lados num debate e em sua disposição de adotar soluções heterodoxas para os problemas do momento, o que quer que isso implique — negociar uma participação acionária da United Auto Workers na empresa automobilística Chrysler como forma de financiar os planos de saúde dos trabalhadores aposentados, por exemplo, ou reavaliar os métodos pelos quais os Estados Unidos têm conduzido sua guerra às drogas desde o início dos anos 1970.

Também se reflete em seus escritos. Numa resenha sobre seu segundo livro, *A audácia da esperança*, a eminente crítica literária Michiko Kakutani, do *New York Times*, escreveu que *A origem dos meus sonhos* era marcado pela "candura da busca".[2] Como um romancista de sucesso, Obama apimentava suas memórias com diálogos empolgantes, dando vida não só às vozes e à linguagem idiossincrática de pessoas com as quais tinha interagido ao longo dos anos, mas também — o que é pelo menos igualmente importante — recriando suas próprias vozes variadas: o jovem rebelde que procurava entender sua própria identidade racial, o empolgado ativista comunitário, o advogado. Trata-se, na opinião da romancista Zadie Smith, expressa numa palestra que ela fez na Biblioteca Pública de Nova York um mês antes da eleição de 2008, de "um verdadeiro homem multivocal".[3] Rachel Klayman, editora de Obama na Crown Publishing, uma divisão da Random House, ficou profundamente impressionada com sua capacidade de conjurar as vozes dos personagens principais. Seu pai, na visão dela, é retratado como "uma figura shakespeariana, trágica". As palavras de seus parentes mais velhos no Quênia foram reproduzidas levando-se em conta a "tradição oral" das narrativas africanas.[4] Na versão em audiolivro de *A origem dos meus sonhos*, Obama literalmente imitou as vozes de seus personagens.

Seus escritos, principalmente as palavras mais francas de *A origem dos meus sonhos*, sugerem alguém com a sensibilidade de, digamos, um James Baldwin, um Ralph Ellison, até mesmo um Jack Kerouac. Esses escritores são poéticos e questionadores, às vezes furiosos, em outras ocasiões simplesmente atônitos diante dos absurdos da vida. E, no entanto, de alguma forma, além de serem literariamente estimulantes, também transmitem sua seriedade política e sua disposição de atacar problemas sociais profundamente enraizados. Na política norte-americana, essa combinação era, pelo menos nos anos recentes, praticamente sem precedentes. Ela permitiu a um personagem político de ponta evitar em larga medida os clichês e abordar complexas questões de política pública usando uma linguagem que parecia real e emoções que passavam a impressão de ser genuínas. Obama tratava os membros de suas plateias como adultos inteligentes e não como uma massa a ser moldada de acordo com suas conveniências políticas de curto prazo. Daí a extraordinária sensação provocada por seu discurso na convenção nacional do Partido Democrata, em 2004. Ali estava alguém que ficava à altura da principal questão do desafio cultural que, marcando época, fora lançado no meio do século passado por J.D. Salinger em *O apanhador no campo de centeio*: seria Obama uma *fraude*? A resposta, a se crer em suas palavras, era um retumbante "não".

Para Douglas Brinkley, a relação de Obama com as palavras escrita e falada abre a possibilidade de uma dramática transformação cultural. "Obama tem realmente um lado de esteta, de literato. Isso é muito animador para colegas escritores. Porque nós reconhecemos isso, sabemos que ele é pelo menos um membro auxiliar de nossa tribo. Ele extrai sabedoria da literatura, e não apenas o que é conveniente para si mesmo. Está disposto a se deixar comover pela palavra escrita, pela poesia, pelas canções, pela pintura. Ele não guardou tudo isso na gaveta das 'artes'. Tudo se integra à sua vida cotidiana. Isso representa, para os escritores, uma oportunidade de desempenhar papéis importantes em nossa vida pública pela primeira vez desde os anos 1960. Se um livro for bom, Obama vai lê-lo ou pedir informações sobre ele."[5]

As cuidadosas leituras de Obama também se refletem em seu talento de comunicador. Até quando, no papel de organizador comunitário, solicitava financiamentos do Fundo Woods, membros do conselho se lembram de achar suas propostas extraordinariamente bem-acabadas. Ele estava, naquele tempo, lendo tratados de organização comunitária escritos por homens como John McKnight, além de biografias políticas como a obra-prima de Bob Caro, *The Power Broker* [O mediador do poder], sobre o urbanista de Nova York Robert Moses. Mais tarde, leria também os livros de Caro sobre Lyndon Johnson. Refletindo tanto seu talento de escritor quanto suas referências intelectuais, os relatórios semanais de Obama para a Fundação Gamaliel sobre suas experiências de organizador naqueles anos, contendo entre oito e dez páginas, eram, dizem, pérolas do gênero, comentários estilizados sobre o mundo frequentemente árido da construção de alianças e da educação de base. O quanto de verdade há nesse julgamento, infelizmente, jamais se saberá: alguns anos antes de Obama se eleger presidente, Greg Galuzzo, cofundador da Fundação Gamaliel de Chicago e um dos mentores do jovem Obama no movimento comunitário, fez uma limpeza nos arquivos da entidade. Entre as coisas que jogou foram estavam as caixas com os relatórios dos organizadores, inclusive as contribuições de Obama.[6]

Respeite. Empodere. Inclua

Hill Harper, amigo dos tempos de Harvard, companheiro de basquete e um dos autorizados a discursar em seu nome na campanha, acredita que um dos principais pontos fortes de Obama é que ele está sempre disposto a trabalhar para os outros em qualquer comunidade em que eles estejam: ele vai ao encontro e interage com as pessoas em seu próprio terreno. Obama subscreve àquilo que o pessoal familiarizado com os meandros das várias escolas de organização comunitária chama de “organização relacional”.

“A forma de organizar as pessoas é criar relacionamentos entre elas, ou, melhor dizendo, levá-las a criar relacionamentos entre si. Ao fazer isso, as pessoas tomam conhecimento de medos e esperanças, aspirações, valores e reivindicações umas das outras”, explica Jim Capraro, consultor progressista baseado em Chicago, que tem uma relação de longa data com Obama. “Criar relacionamentos é o mandamento mais básico, o mínimo denominador comum. Organizações comunitárias realmente fortes são na verdade baseadas em valores, não em reivindicações. Estas vêm e vão. Isso não quer dizer que não sejam importantes. Trabalhar em cima de reivindicações é um meio pelo qual as pessoas podem aspirar a vivenciar seus valores. Mas trabalhar questões concretas não é a única coisa que você pode fazer. Quando você cria relacionamentos, as pessoas adquirem valores comuns. Barack Obama é antes de mais nada um ser humano relacional. Ele sabe ouvir. Essa é a essência de um bom organizador relacional. O que motiva as pessoas a se envolver em alguma coisa e empregar nela seu tempo, sua energia, sua influência e seu dinheiro, é sentirem-se ouvidas, sentirem-se realmente compreendidas."[7]

Recuando até o século XIX, cruzadas sociais norte-americanas como o Segundo Grande Despertar (movimento de *revival* religioso ocorrido entre 1800 e 1830), o movimento abolicionista e os primeiros movimentos do sufrágio feminino deram "sustentação moral a reivindicações que eram ao mesmo tempo transformadoras no plano pessoal e transformadoras do mundo lá fora, postas em marcha por equipes altamente dedicadas de organizadores de redes sociais", diz Marshall Ganz, professor de Harvard. Ganz ensinava a seus alunos como tecer histórias de interesse comum a partir de experiências individuais. Em suas aulas de liderança, enfatizava a importância da narrativa, das emoções, de capturar a atenção do público. Como chefe do Subcomitê de Engajamento Cívico da campanha de Obama, usou sua experiência de professor para ajudar a criar as sessões de treinamento do Camp Obama para milhares de voluntários em 2007 e 2008.[8]

Em dezembro de 2007, Obama e diversos outros presidenciáveis se defrontaram com uma plateia de organizadores comunitários em Iowa. Mais tarde, o candidato conversou com Greg Galuzzo. "Sabe, Greg", disse ele, "aonde quer que eu vá, perguntam-me como aprendi a organizar pessoas e finanças do jeito que eu organizo". Obama fez uma pausa e riu. "Eu digo a eles: 'Na Fundação Gamaliel, em Chicago, Illinois.'"[9]

Amigos dos seus tempos de movimento comunitário e advocacia de direitos civis lembram-se de quando o visitaram em Washington, após sua vitória para o Senado americano. No lugar da multidão habitual de lobistas regiamente pagos que se esperaria ver no gabinete de um senador recém-eleito, encontraram advogados especializados em direitos do consumidor, ambientalistas, porta-vozes do direito ao aborto e ativistas da saúde pública. "Eu sempre o vi como um organizador comunitário no Senado. Ele montava estratégias conosco", explicou um desses amigos.[10] "Ele nos dizia em que pé estavam nossas causas no Senado. Usava suas habilidades de organizador comunitário para conseguir votos para nós e nos ajudar a montar estratégias. Ele não era apenas mais um voto para nós, era uma peça-chave."

Essas características se transportaram para a eleição presidencial. "Houve na campanha uma tradução notável, quase direta, da atividade de treinamento em organização comunitária que Marshall Ganz e outros criaram para o Camp Obama. Aquele currículo maravilhoso é, em grande parte, uma versão concentrada do treinamento que organizadores e líderes de associações de moradores recebem constantemente", argumenta Jody Kretzmann, diretor do Asset-Based Community Development Institute, que há muito tempo acompanha a carreira de Obama. "'Respeite. Empodere. Inclua.' Esses são os valores centrais dos organizadores comunitários e se refletiram nas operações de campo da campanha."[11] As três palavras estavam coladas nas paredes de escritórios de campanha espalhados por todo o país. Na sua capacidade de arrebatar as pessoas, o slogan fez pelos voluntários da campanha de Obama o mesmo que "É a economia, estúpido" fez pela de Bill Clinton em 1992.

"Ao ajudar um grupo de donas de casa a se sentar na mesa de negociações com o prefeito da terceira maior cidade americana e marcar sua posição, ou um metalúrgico aposentado a encarar uma câmera de TV e dar voz aos sonhos que ele tinha para o futuro de seu neto, descobrimos a mais significativa e gratificante contribuição que a organização comunitária pode fazer", escreveu um jovem e ainda desconhecido Obama em 1990.[12] "Em troca, organizar nos ensina melhor que qualquer outra atividade a beleza e a força das pessoas comuns."

Bola ao cesto no pátio do presídio

Nos tempos da Escola de Direito, Hill Harper, que participava da Associação de Estudantes Negros, recebeu uma carta de um preso da penitenciária de segurança máxima de Walpole, localizada a meio caminho entre Boston e Providence, Rhode Island. *Por que os jovens aspirantes a advogados não se empenhavam mais em investigar as condições existentes nas cadeias, saber mais sobre as vidas que os prisioneiros, muitos dos quais negros, levavam?*, perguntava o correspondente de Harper. A carta tocou num ponto sensível. Por que eles não visitavam presos com mais frequência?, questionou-se Harper. E respondeu com outra carta, perguntando se os prisioneiros estariam interessados num jogo de basquete com o pessoal de Harvard. Estavam. Harper entrou então em contato com o diretor do presídio e perguntou se seria possível levar um time de estudantes de elite para jogar contra os internos. O diretor respondeu que tal coisa nunca tinha sido feita, mas que, pensando bem, achava que não havia nenhum problema e terminou por convidar Harper. Não era exatamente Johnnie Cash na prisão Folsom, mas era algo novo.[13]

Harper procurou quatro de seus amigos que lhe pareciam especialmente bons de bola e os convenceu a visitar a prisão com ele. Barack Obama estava no grupo. Ao chegar, eles foram levados a uma sala de reuniões e informados de que os guardas não patrulhavam o pátio no meio dos prisioneiros; assim, se começasse um motim ou se fossem atacados, eles precisariam abrir seu próprio caminho até algumas áreas pré-designadas nas extremidades do pátio contra as quais as sentinelas nas torres não abririam fogo. *Eles tinham certeza de que queriam fazer aquilo?*, perguntou o diretor mais uma vez. O grupo de estudantes de direito tinha certeza. Obama, o mais velho entre eles, nem piscou.

Segundo o relato de Harper, Obama passou todo o jogo marcado por um assassino reincidente. Não ficou nem um pouco intimidado com isso, embora Harper — um dos encarregados de discursar oficialmente em seu nome durante a longa e exaustiva campanha presidencial — brinque que Obama estava fazendo um considerável número de pontos até ter a ideia de perguntar a seu marcador por que ele estava preso; quando descobriu que era por assassinato, parou imediatamente de acertar a cesta. Isso é que é juízo, brincaria Harper para as multidões. Em seguida, claro, apressava-se a acrescentar que estava só brincando.

Estar preparado para se aventurar em território desconhecido e estar disposto a pensar fora dos parâmetros habituais são alguns dos mais vigorosos pontos fortes de Obama. Era isso que ele estava fazendo quando visitou a igreja de Rick Warren, a Saddleback Church, na cidade de Lake Forest, Carolina do Sul, e defendeu, nos termos mais conciliadores possíveis, sua crença no direito ao aborto para um grupo de evangélicos inflexíveis. "Eu acredito no veredito do caso Roe contra Wade", afirmou o candidato. "Não porque eu seja a favor do aborto, mas porque, em última análise, eu não acho que as mulheres tomem decisões desse tipo sem pensar. Eu acho que elas se digladiam com essas coisas de forma profunda, consultando seus pastores, seus cônjuges, seus médicos e os membros de sua família." O objetivo, disse Obama, deveria ser a busca de um terreno comum, encontrar modos de reduzir o número de abortos praticados nos Estados Unidos a cada ano. "Será que existem modos de trabalharmos juntos para diminuir o número de casos de gravidez indesejada, de modo que, na verdade, estejamos diminuindo a sensação de que as mulheres estão procurando o aborto?"[14] Mudando sutilmente os termos do debate, ele foi capaz de se comunicar com um público que os democratas tradicionais passaram décadas evitando.

Pensar fora dos parâmetros habituais: era isso que ele estava fazendo quando, durante a corrida presidencial, decidiu investir numa campanha pesada em estados como Indiana, Carolina do Norte e Virgínia. Nenhum candidato democrata à presidência jamais vencera em Indiana e na Virgínia desde o triunfo acachapante de Lyndon Johnson sobre Barry Goldwater, em 1964. Segundo toda a sabedoria tradicional, nada sugeria que um negro liberal conseguiria, em 2008, quebrar essa sucessão de derrotas. Obama, porém, acreditava que os velhos blocos eleitorais estavam rachando e que aqueles estados estavam maduros para a mudança.

Pensar fora dos parâmetros habituais: foi esse o desafio que ele apresentou aos delegados do Partido Democrata na convenção de 2004, quando declarou: "Não existe uma América liberal e uma América conservadora: existem os Estados Unidos da América. Não existe uma América negra e uma América branca, uma América latina e uma América asiática: existem os Estados Unidos da América."

Era isso que ele fazia também em seus velhos tempos no movimento comunitário, quando conversava com homens mais velhos, como o professor John McKnight, da Universidade Northwestern, sobre os limites das estratégias organizatórias de Saul Alinsky. Alinsky era o avô dos movimentos comunitários, mas acreditava mais no confronto do que no compromisso, em passeatas tumultuadas mais do que na mediação. Para Obama, os métodos de Alinsky estimulavam as pessoas a pensar mais em suas aflições do que em suas esperanças. Sim, Alinsky havia atingido um status de profeta entre progressistas de uma certa faixa etária, mas isso não significava que estivesse certo em tudo. Durante uma sessão típica de treinamento em organização comunitária, devem ter pedido a Obama que fizesse duas listas: a primeira delineando as características do mundo como ele é e a segunda, do mundo como ele, o organizador, gostaria que fosse. Para Alinsky, a primeira e a segunda jamais se fundiriam. Para Obama, por outro lado, era justamente este o Santo Graal: encarar o desafio de enfrentar o mundo como ele é e transformá-lo em algo mais próximo de seus ideais.

"Tudo começa na esquina e diante da porta de casa", disse ele a uma plateia de San Antonio na noite das eleições primárias do Texas. "Em salas de estar e salões de reunião, com americanos comuns que veem o mundo como ele é e compreendem que temos dentro de nós o poder para transformá-lo naquilo que ele deveria ser."

Obama aprendeu com o passado, mas não estava disposto a ser limitado por ele. Afinal, estivera pensando fora dos parâmetros habituais por toda a sua vida. Como poderia não fazer isso, considerando-se sua herança cultural? Era uma criança mestiça num tempo em que a miscigenação — "a palavra é corcunda, feia, pressagiadora de algo monstruoso", escreveu em *A origem dos meus sonhos*[15] — ainda era considerada escandalosa e estava na ilegalidade em 19 dos cinquenta estados do país. De forma bem literal, a própria existência de Obama era resultado da capacidade demonstrada por Stanley Ann Dunham e Barack Obama pai de pensar fora de seus respectivos parâmetros habituais. "Em muitas regiões do Sul, meu pai poderia ter sido enforcado numa árvore por simplesmente olhar para minha mãe do jeito errado; nas mais sofisticadas cidades do Norte, os olhares hostis, os cochichos poderiam ter levado uma mulher na situação de minha mãe a um aborto ilegal", prossegue ele em seu livro de memórias.[16] Trata-se de um considerável peso de nascença para alguém carregar.

Em Chicago, Obama entrou para o movimento comunitário em parte na esperança de recriar em sua própria vida o sentido de idealismo que unira seus pais duas décadas antes.[17] Recém-formado na Universidade de Columbia, começou a trabalhar com aquilo que seu companheiro de organização e especialista em gangues de rua, Al Kindle, chamou de "a barra pesada de Chicago". Kindle e outros ativistas mais experientes e calejados zelavam pela segurança de Obama, conversando com os membros das gangues para que não o molestassem quando ele invadisse seus territórios a fim de mobilizar as pessoas em torno da, por exemplo, remoção de telhas de amianto de um conjunto residencial público, e ajudando a criar laços de confiança entre ele e os moradores da vizinhança. "Enquanto ele esteve em Chicago, fizemos nosso melhor para educá-lo nos meandros da nossa comunidade. Tínhamos relações. Apresentamos Obama a essas pessoas, algumas das quais pilares da comunidade. Tínhamos trabalhado com eles nas campanhas de Harold Washington, nas lutas dos anos 1960. Ele era novo na comunidade. Mas nossa confiança nele levava as pessoas a confiar nele também. Ele partia da perspectiva de que estava tentando ajudar. Era um cara jovem, tentando começar, interessado em conseguir que as coisas fossem realizadas. Sempre tínhamos nos comprometido a ajudar qualquer negro que estivesse disposto a liderar as pessoas num rumo novo. Procurávamos novas lideranças — para treinar e promover."

Kindle sentiu que o novato "era um cara jovem em diversos níveis. Idade. Inexperiência na barra pesada de Chicago, que em alguns aspectos não se parece com nenhum outro gueto do mundo. Sempre havia pessoas que diziam: 'Como esse cara jovem e educado veio parar na nossa área?' Havia sempre um pouco disso. Ressentimento. E havia também, claro, quem quisesse saber: 'Esse cara está aqui para trabalhar com a gente ou só para fazer relatórios? Qual é o papel dele?' Nós dizíamos: 'Ele é legal. É educado, mas é legal também. Não foi enviado pelo inimigo.' Na nossa comunidade, queremos sempre saber quem mandou você e por quê. 'Qual é a sua missão? O que você está fazendo aqui?' Até saberem quem mandou você lá e por quê, você não chega a lugar algum".

Obama conseguiu conquistar a confiança da comunidade. Logo as mulheres mais velhas estavam tentando engordar aquele rapaz magricela, dando-lhe pratos cheios de verduras e frango frito, assando cookies para ele toda vez que Obama visitava suas casas e centros comunitários. "Elas começaram a adotá-lo. Principalmente os moradores de conjuntos residenciais públicos", recorda Kindle. "Estava todo mundo impressionado com ele, com o seu modo de se portar e seu conhecimento meticuloso e detalhado das questões em que estava trabalhando."[18] Obama beliscava a comida, mas em geral não comia muito. Para ele, a grande refeição do dia era o café da manhã, que quase sempre tomava na lanchonete Valoi, no Hyde

Park. Na hora do almoço, lembra a companheira de organização comunitária Linda Randle,[19] preferia uma boa salada.

Tornando os sonhos realidade

Em 1991, depois de cumprir seu mandato como presidente da *Harvard Law Review*, Obama se formou em direito *magna cum laude*. Numa turma de mais de quinhentos, todos sendo preparados para assumir posições de destaque na sociedade norte-americana, emergira entre os melhores. *Crème de la crème*. (O único grau que poderia superar aquele era *summa cum laude*, mas nenhum estudante no ano de Obama ou nos anos imediatamente anteriores obteve essa raríssima honraria.) E antes que alguém pensasse que haviam sido caridosos com ele devido à cor de sua pele, que ele era de alguma forma apenas uma cria da ação afirmativa — alegação que, por mais injusta que seja, costuma ser feita contra estudantes negros de desempenho notável —, o sistema de graduação de Harvard cortava as suspeitas pela raiz: os trabalhos dos estudantes na Escola de Direito são avaliados de forma anônima, identificados por números e não por nomes. Ao lhe dar a nota máxima, seus professores não tinham a menor ideia de que estavam lendo o trabalho de um certo Barack Hussein Obama.

Com seu *magna cum laude* na mão, todo mundo o aconselhou, em coro, a tentar um emprego de funcionário da Suprema Corte ou, no mínimo, deixar que um grande escritório de direito corporativo o contratasse. *Faça isso*, disseram-lhe, *e terá o mundo a seus pés*. Abner Mikva, que na época trabalhava como presidente do Tribunal de Apelações em Washington, mandou uma emissária especificamente para perguntar se Obama gostaria de trabalhar com ele.[20]

Obama não achou esses conselhos tão bons assim. Tinha coisas que queria dizer, ideais para por em prática. Havia sido sondado sobre um livro de memórias; convidavam-no a liderar um maciço esforço de registro de eleitores em Illinois; e, entre as centenas de ligações que recebeu de firmas de advocacia de todo o país, estava especialmente interessado na de um pequeno escritório especializado em direitos civis de Chicago, cidade pela qual se apaixonara e onde vivia Michelle Robinson, por quem também andava balançado. Ele retornou a ligação do advogado, deixou uma mensagem com sua filha pequena — "Papai, alguém com um nome engraçado telefonou para você", Judson Miner se lembraria mais tarde de ouvir da menina — e, na próxima vez em que esteve em Chicago, conversou com ele num longo almoço em um pequeno restaurante perto do escritório. Anos antes, Miner tinha sido conselheiro corporativo da prefeitura de Chicago na gestão de Harold Washington. O então aspirante ao Senado Carol Moseley Braun já havia trabalhado para Miner. Seu escritório tinha boas ligações com o mundo íntimo da política progressista de Chicago. Obama se interessou.

O advogado recém-formado não era mais um organizador comunitário, mas os valores por trás da atividade continuavam a motivá-lo: queria trabalhar com pessoas e comunidades e queria criar histórias de empoderamento. A emissária de Abner Mikva voltou para a capital e disse ao juiz que Obama havia dito não, obrigado. Queria trabalhar no mundo da política.

Em Cambridge, membros da faculdade próximos a Obama não se surpreenderam. Há muito suspeitavam que, para ele, o direito seria um trampolim para coisas maiores. Como observa o professor Laurence Tribe, que contratara Obama como seu principal auxiliar de pesquisa em março de 1989, ele era "excepcionalmente brilhante, centrado, maduro, inquisitivo e pragmático". Tribe considerava a escrita do jovem "concisa e lúcida, e o poder de seu intelecto, inquestionável".[21] Era, em suma, alguém nascido para a política. O que Tribe enxergou no fim dos anos 1980, voltou a ver quase duas décadas depois, quando seu protegido chegou aos picos do poder, usando "notáveis capacidades analíticas para dissecar e recombinar opções de política pública e estratégias políticas".

Chris Edley também via Obama como uma espécie de advogado *drive-through*. "É difícil, para um advogado do setor privado, moldar sua própria agenda em detrimento da defesa dos interesses dos clientes que calham de procurá-lo", diz Edley. "Com o talento que Barack tem para projetar transformações sociais, limitar-se às ferramentas de um advogado de carreira teria sido frustrante. Ele é muito mais do que isso. Chegou à Escola de Direito com um projeto de eficiência pessoal que, devia saber muito bem, não caberia no papel convencional de um advogado. Quando entrou na faculdade, já havia tido experiências importantes ajudando as pessoas e estava claramente à procura de ferramentas que lhe permitissem fazer isso em escala maior. Quando você começa a pensar assim, é obrigado a pensar para além dos papéis convencionais de um advogado de carreira."

Em *World of Our Fathers* [O mundo de nossos pais], o escritor Irving Howe cita um imigrante do início do século XX que descreveu os Estados Unidos da América como algo que, na Europa, estava "na boca de todo mundo. Empresários falavam do país debruçados em seus livros de contabilidade; na feira, as mulheres discutiam o tema de barraca em barraca; quem tinha parentes na famosa terra circulava com as cartas recebidas deles, que lia em voz alta para iluminar os menos afortunados".[22] Os Estados Unidos eram, prosseguia o autor, vistos como uma "terra mágica".

Naturalmente, nem é preciso dizer que a realidade nunca foi tão bonita quanto o próprio Sonho. Para falar dos aspectos mais óbvios, a escravidão e a herança de segregação e desigualdade que ela deixou em seu rastro eram limitações evidentes à universalidade do Sonho. A "peculiar instituição" norte-americana deixou um legado tão cruel e brutal que, para largas porções da população do país, a linguagem elevada da Constituição parecia apenas uma grotesca zombaria. Essa fonte de tormentos foi abordada por Martin Luther King por meio da imagem de que os Estados Unidos haviam passado um cheque sem fundos quando se tratou de incluir a população negra no arco amplo do Sonho. De forma menos poética e com menos fé na possibilidade da transformação, também foi abordada, décadas mais tarde, nas palavras amargas do pastor de Obama, Jeremiah Wright.

Ao longo dos séculos, a exploração econômica dos pobres do país, de todas as cores e vindos de todos os cantos do planeta, também foi um enorme obstáculo à realização do pleno potencial inclusivo e democrático dos Estados Unidos. As vítimas do incêndio em Triangle Shirtwaist, trabalhadoras trancadas dentro de um prédio em chamas na parte baixa de Manhattan, no início do século XX; os miseráveis trabalhadores de colheita do Sul pré-Segunda Guerra; os empilhadores de caixas de nosso tempo, forçados a fazer horas extras sem remuneração para ajudar os gerentes da empresa a atingir suas metas de lucro — todos compartilham a sina de viver, e em alguns casos morrer, numa versão deteriorada da narrativa americana de promessa e oportunidade. Compartilham-na também os mais de duzentos trabalhadores que, em meados de dezembro de 2008, apareceram para trabalhar normalmente na fábrica de janelas e portas Republic, em Chicago, quando os bancos se recusaram a estender as linhas de crédito da empresa e os patrões reagiram tentando fechar a fábrica e demitir sumariamente os empregados. O presidente eleito Obama declarou seu apoio aos trabalhadores e conclamou a companhia a lhes pagar indenizações adequadas.

Apesar de todos os defeitos graves, porém, para muitas centenas de milhões de pessoas, tanto nos Estados Unidos como em todo o mundo, as palavras "Sonho Americano" permaneceram como um símbolo que atravessou gerações, uma expressão inspiradora que representava esperança, progresso e, acima de tudo, possibilidade. Obama queria tomar posse desse sentido de possibilidade e imaginar o que os Estados Unidos *poderiam* ser, em vez de se contentar com aquilo que eram. "Eu sei que meu país não atingiu a perfeição", disse o candidato favorito à indicação democrata para a eleição presidencial a uma multidão de centenas de milhares de alemães que fora ouvi-lo falar em Berlim, no dia 24 de julho de 2008. "Em alguns momentos, tivemos dificuldade em manter a promessa de liberdade e igualdade para todo o nosso povo. Cometemos nossa cota de erros, e houve ocasiões em que nossas ações pelo mundo não ficaram à altura de nossas melhores intenções. Mas eu também sei o quanto amo os Estados Unidos. Sei que por mais de dois séculos nós lutamos — a um custo alto e com grande sacrifício — para formar uma união mais perfeita; para buscar, com outras nações, um mundo mais esperançoso."

O talento especial de Obama, como o de Martin Luther King antes dele, foi o de segurar um espelho diante do país, levando-o a sentir que poderia, e na verdade *precisava*, se aprimorar em matéria de relações raciais e, de modo mais geral, de divisão social. No acesso coletivo à história de Obama, no modo como ele emoldurava sua própria saga como emblemática de tudo o que havia de esperançoso na história norte-americana, milhões de pessoas cujos ancestrais tinham sido escravos enfim puderam sentir que atingiam a cidadania plena, mais de 140 anos depois do fim da Guerra Civil. Outros milhões, que andavam convencidos de que os líderes do país jamais lhes haviam dado ouvidos, tinham agora a sensação nova de estarem incluídos na grande comunidade norte-americana.

Obama não era um asceta: tendo trabalhado em comunidades miseráveis, não glamorizava a pobreza e não tinha a menor intenção de passar sua própria vida pobre. Mas tampouco tencionava estruturar sua carreira apenas em torno de altos salários e gratificações. Em 2005, disse a uma turma de formandos em Illinois que "destinar sua vida apenas a juntar uma grana demonstra pobreza de ambição. Isso é exigir pouco de si mesmo. Vocês precisam encarar os desafios que enfrentamos como nação e adotá-los como seus".[23]

Com a mão na taça

Como enfrentar esses desafios, contudo, era a grande questão. Dependendo da pessoa com quem você converse, Obama pode ser um pragmático na pele de um idealista ou um idealista disfarçado sob o manto do pragmatismo. Pode ser um sonhador inveterado ou um mestre sutil da difícil arte da *realpolitik*. Aquilo em que quase todo mundo concorda é que Obama é difícil de rotular.

Ele é por instinto um adepto da livre negociação, mas simpatiza claramente com as críticas feitas pelos sindicatos ao Nafta e a outros acordos comerciais que, em grande parte, moldaram o papel dos Estados Unidos na economia global. Durante a campanha das primárias, porém, sua assessora de política internacional Samantha Powers, autora do livro *A Problem from Hell: America and the Age of Genocide* [Um problema dos infernos: a América e a era do genocídio], foi apanhada dizendo a funcionários canadenses que as críticas de Obama ao Nafta provavelmente não resultariam em alterações significativas no acordo comercial. Ele se opõe à guerra do Iraque, mas, durante a campanha presidencial e nos primeiros meses de sua presidência, revelou-se uma espécie de linha-dura no Afeganistão e no Paquistão. Acredita no multilateralismo, mas reconhece que os Estados Unidos são o único país com força militar suficiente para, por exemplo, fazer pressão por um acordo de paz justo no sangrento conflito militar na região sudanesa de Darfur ou combater a pirataria nas águas costeiras da Somália. Está disposto a sair de sua zona de conforto e se meter em áreas arriscadas da diplomacia, como indicou sua controversa declaração, durante a campanha eleitoral, de que estava preparado para se reunir com os líderes de países como Irã e Coreia do Norte, a fim de buscar interesses comuns. John McCain criticou-o pesadamente por isso, mas o democrata não recuou. Não fazia sentido, argumentou, conversar apenas com os amigos. Por outro lado, naquelas mesmas semanas, ele demarcou uma linha muito mais dura em relação ao Paquistão que a da quase sempre belicosa administração Bush ou, por falar nisso, a de McCain. Obama sempre foi favorável à saúde pública universal, mas, na campanha das primárias, temendo repelir *lobbies* poderosos, como o das empresas de seguros de saúde, adotou um conjunto de propostas mais modesto em suas metas do que os que foram propostos por Hillary Clinton e John Edwards. É um adversário firme da ideia de que os Estados Unidos têm o direito de torturar detentos suspeitos de terrorismo em determinadas circunstâncias, mas em suas primeiras semanas no poder, enquanto se preparava para divulgar os infames "memorandos de tortura" — com detalhes das técnicas aprovadas pela administração anterior, como o *waterboarding* —, sua equipe jurídica aceitou exceções específicas, em casos extraordinários, à regra geral de que os limites impostos aos interrogatórios por manuais militares deveriam ser sempre seguidos pela CIA.

George W. Bush foi, sob muitos aspectos, um prisioneiro dos programas conservadores de rádio. Sua coalizão dependia demais da boa vontade de pessoas como o apresentador Rush Limbaugh para que ele se dispusesse a arriscar sua fúria. Para Obama, o equivalente a esses programas de rádio é a blogosfera liberal, o ciberespaço habitado pelo *Daily Kos* e pelo *Huffington Post*. Como uma animadora de torcida, a blogosfera liberal o aplaude (e às vezes alfineta) das linhas laterais do campo. No entanto, Obama deixou claro, em diversas oportunidades, sua disposição de enfrentar os blogs de inclinação esquerdista quando necessário. Na verdade, em meados de janeiro de 2009, quando se preparava para assumir a presidência, não convocou um encontro com os blogueiros liberais, mas com uma turma de blogueiros e comentaristas conservadores. A mensagem era clara: *Não tentem me rotular. Não caiam no erro de me julgar bidimensional.* De fato, lendo o manual da campanha de Obama, *Change We Can Believe In* [A mudança em que podemos acreditar], percebemos que ele critica Bush não tanto por ser conservador, mas por ser incapaz de mudar de rumo diante de situações novas. "Esses últimos oito anos", escreve ele, "serão lembrados por sua adesão rígida e ideológica a ideias desacreditadas".[24]

Se George W. Bush representou o fundo do poço, esse fundo do poço, para Obama, fora cavado mais por uma forma limitada de fazer política do que pela ideologia do conservadorismo em si. A clara antipatia de Obama por ele parece ter pelo menos tanto a ver com seu modo de governar quanto com os valores que o moviam. Contrastando com isso, Obama já expressou muitas vezes sua admiração pelo estilo de governo de Ronald Reagan. Apesar de sua inclinação conservadora, Reagan era sob muitos aspectos um realista, um presidente flexível. A rigidez, para Obama, é um pecado muito maior do que o conservadorismo.

Nesse contexto, os slogans *Yes we can* [Sim, nós podemos] e *We are the ones* [Somos os tais] são mais do que apenas mantras, ou vagas intimações de mudança. São, antes, formas abreviadas de todo um conjunto de pontos de vista sobre o que uma comunidade, qualquer que seja seu tamanho, pode fazer quando age com espírito coletivo. "Não creio que se possa realmente exagerar a importância, para Obama, de se ter envolvido numa experiência rica de organização comunitária, num momento novo em que se desenvolvia uma política que não pensava nas pessoas como categorias ou em termos ideológicos", diz Harry Boyte. "É uma forma muito rica de ver as pessoas. Uma nova política cívica." Enquanto tecnocratas tradicionais e profissionais gabaritados "aprendem a ver as pessoas e as comunidades em termos de suas deficiências, e não de suas capacidades ou de seus recursos", explica Boyte, os organizadores comunitários acreditam em estimular um senso de possibilidade entre pessoas comuns.[25]

Políticos modernos, diz Boyte, são normalmente "mobilizadores", e seu mundo, um ambiente fechado dominado por interesses especiais e consultores regiamente remunerados. Obama, por outro lado, é um político organizador. E muitos dos profissionais que ele levou para sua campanha, desde o próprio Boyte, que trabalhou no Grupo de Engajamento Cívico, até Marshall Ganz, de Harvard, são pessoas formadas no movimento comunitário dos anos 1960 e 1970. Uma das ex-alunas de Ganz, uma jovem chamada Buffie Wicks, foi contratada como diretora de campanha em 14 estados do Oeste, com a missão de incorporar ferramentas da organização comunitária ao trabalho. Outro dos protegidos de Ganz, Jeremy Bird, foi nomeado diretor de campo de toda a campanha. O governo, acreditavam essas pessoas, deve funcionar como catalisador, com ações projetadas, como muitas das que foram implementadas no New Deal nos anos 1930, para produzir efeitos amplificados por toda a sociedade.

Em abril de 2008, quando a campanha presidencial primária se aproximava do clímax, Boyte estruturou para Obama um discurso intitulado *O trabalho da cidadania*: "Quando os políticos pensam nos eleitores apenas como vítimas necessitadas ou como consumidores dos serviços governamentais, estão fechando o foco em apenas um terço da famosa formulação de Abraham Lincoln em Gettysburg. Eles fingem que o governo faz coisas apenas *para* o povo. Esquecem a frase completa de Lincoln, 'um governo do povo, pelo povo e para o povo'." Mais à frente no mesmo discurso, o candidato declarou: "O gênio dos Estados Unidos aparece quando nos lembramos dessa lição: a de que somos produtores de democracia, não seus consumidores. 'Nós, o povo' somos uma nação de cidadãos, não uma nação de consumidores."

Quando se fala de forma direta, as pessoas ouvem

No fim da primavera de 2008, os preços do combustível explodiram, ultrapassando quatro dólares por barril. Para os norte-americanos, acostumados a pagar menos da metade disso, foi algo catastrófico. Orçamentos semanais foram estourados, e as pessoas começaram a acumular grandes dívidas só para encher o tanque e dirigir até o trabalho.

Farejando ali uma oportunidade de fazer uma marola política, Hillary Clinton e John McCain se declararam favoráveis a uma "isenção tarifária de emergência". Tratava-se de um truque barato: impedir os estados de coletar alguns centavos por barril em impostos e posar para o eleitorado como batalhadores pela redução do preço da gasolina. Mas era um truque que, segundo a maioria dos cálculos, deveria ter rendido frutos eleitorais.

Obama sabia que a proposta era inconsistente, que ela nada faria para resolver de verdade a crise de energia do país. Era tão risível quanto o slogan republicano que seria usado mais tarde na campanha, após a nomeação da governadora do Alasca, Sarah Palin, como candidata a vice-presidente: "Perfure, meu bem, perfure" [*Drill, baby, drill*]. Mas ele sabia também que o preço da energia nunca fora tão alto e que qualquer político que se opusesse à sua queda, mesmo que fosse uma queda temporária, correria o risco de ser considerado um espírito de porco. Num mundo de slogans e estratégias políticas movidas a pesquisas qualitativas, isso podia ser fatal.

Se fosse Bill Clinton, a quem o consultor político Dick Morris recomendava que "triangulasse", Obama provavelmente teria tentado marcar sua diferença num detalhe mínimo, talvez defendendo uma redução tarifária parcial. Em vez disso, decidiu tentar a sorte e se dirigir aos eleitores norte-americanos como adultos, comunicando-lhes uma dura verdade. A isenção tarifária era, argumentou ele, uma má ideia. Tiraria dos governos do estado uma receita que era muito necessária, usada para investimento em projetos de infraestrutura, e, como poria apenas uns tostões de volta no bolso dos motoristas a cada vez que abastecessem seus carros, não ajudaria ninguém a tapar o buraco criado em seus orçamentos pelo colapso energético. Estava pensando fora dos parâmetros habituais da política dos truques, que havia dominado o cenário por décadas. Estava apostando que seu público não queria mais ser infantilizado, que os eleitores ansiavam por líderes que se dirigissem a eles de forma respeitosa, como adultos conversando com adultos.

Os pesquisadores de opinião da campanha de Obama acharam que ele estava assumindo uma "postura ousada", que não necessariamente cairia bem junto aos eleitores. (No mundo da consultoria política, palavras como "ousado" e "corajoso" são frequentemente usadas como eufemismo para "estúpido" ou "politicamente suicida".) Mas quando foram entrevistar os eleitores depois que Obama se declarou contrário à isenção tarifária, descobriram que eram mais numerosas as pessoas que concordavam com a posição do candidato do que as que discordavam.

Para Obama, evitar os caminhos fáceis e batidos da popularidade não era nada novo. Já em 1995, quando era apenas um advogado local tentando chegar ao legislativo estadual em Springfield, ele perguntou ao repórter Hank de Zutter, do *Chicago Reader*: "E se um político encarasse seu trabalho como o faz um organizador comunitário, como se fosse parte professor e parte advogado, alguém que não faz negócio com os interesses de seus eleitores, que os educa sobre as verdadeiras escolhas que têm diante de si?"[26]

Ao longo de toda a campanha presidencial, recorda um assessor, Obama sempre conclamava seu pessoal a "pensar fora dos parâmetros habituais". *Não pensem apenas nos problemas imediatos,* dizia a suas equipes, *mas se perguntem o que querem que os Estados Unidos sejam daqui a 25 anos; depois se perguntem como ele precisará ser dentro de dez anos para atingir esse objetivo; e depois se perguntem como ele precisará ser em cinco anos.* "Ele é um educador completo", diz o mesmo assessor. Como professor de direito, encarava a sala de aula como um lugar de troca intelectual entre ele e os estudantes; da mesma forma, numa reunião na prefeitura, em vez de recorrer aos mesmos clichês cansados e respostas pré-fabricadas, tentava realmente refletir sobre as questões que lhe apresentavam. "Ele tem", diz o assessor, "um apetite por viver o momento e pensar o momento" em ambientes desse tipo, uma confiança em sua capacidade de refletir no calor da hora. "Encara a política como uma atividade educacional. Tudo em nossa vida tem, em alguma medida, o potencial de nos ensinar algo. Ele é um agudo observador da natureza humana."

Em seus primeiros dias de mandato, muitas raposas felpudas aconselharam Obama a não dar um passo maior que as pernas como novo presidente: *Escolha uma ou duas reformas e se concentre nelas.* Ele não concordou. Uma crise da magnitude daquela que os Estados Unidos enfrentavam no início de 2009, acreditava, era uma oportunidade para reformas no atacado. O público seria capaz de tolerar que o governo incorresse em imensos empréstimos para sustentar investimentos, acumulando déficits numa escala que, em tempos normais, seria insustentável. Use a crise, acreditava ele. Pense de forma holística. Em vez de mudanças pontuais, a nova administração começou a batalhar por enormes transformações no sistema de saúde do país, pela ampliação do seguro-desemprego, por gastos maciços com projetos de infraestrutura — inclusive, num aceno ao programa de eletrificação rural de Roosevelt, levando banda larga a áreas rurais remotas —, investimentos sem precedentes em tecnologia ambientalmente correta, mudanças no modelo tributário e uma nova estrutura regulatória para instituições financeiras.

O 44º presidente da nação não estava interessado em marcar uns pontinhos seguros e garantir o resultado. Dezoito anos após vencer sua primeira eleição, na *Harvard Law Review*, Barack Obama partia com tudo para tentar uma goleada.

Capítulo 8
O político hábil

Em 2000, a Escola de Direito de Harvard promoveu um encontro de ex-alunos negros. David Wilkins foi encarregado de organizar uma mesa-redonda com aqueles que, entre eles, estivessem na vida pública e recomendou Obama. *Obama?*, perguntaram incrédulos seus companheiros de organização. *Ele é só um senador estadual. Não é ninguém.* "Não", replicou Wilkins, em tom confiante. "Ele é o futuro."[1]

Naquele mesmo ano, um Obama quase falido não conseguiu sequer uma credencial comum para participar da convenção nacional do Partido Democrata em Los Angeles. Nove anos depois, seria o homem mais poderoso do mundo.

Embora sua retórica seja centrada em um mantra um tanto difícil de definir, o da "mudança", sob o verniz utópico existe um político pragmático. Isso não significa que seu idealismo não seja verdadeiro, e sim que é cuidadosamente temperado, sintonizado para seduzir o maior número possível de pessoas e repelir uma fração mínima. Em mais de uma ocasião, essa combinação de idealismo e *realpolitik* provou-se extremamente eficaz na conquista de votos.

Na Universidade de Chicago, Douglas Baird procurou seu colega, o então senador estadual Obama, em 2002, e perguntou-lhe sua opinião: devia ou não apoiar um certo candidato ao governo de Illinois? Baird já havia perguntado a mesma coisa a Abner Mikva, que o aconselhara, em termos nada equívocos, a *não* apoiar um homem que perderia com certeza.[2] A resposta de Obama foi diferente. Em primeiro lugar, disse, como se isso pudesse afetar a decisão de Baird, que ele próprio *não estava* concorrendo ao governo — o que, segundo Baird, pode tê-lo deixado "de queixo caído", porque sua pergunta não era aquela. Em segundo lugar, Obama concordava com Mikva, o homem ia mesmo perder. *Mas*, acrescentou, era claramente o melhor candidato, o que devia contar para alguma coisa. Baird decidiu apoiar o tal candidato. O episódio foi para ele um exemplo de como Obama era ambicioso, pragmático e, ao mesmo tempo, de um idealismo enternecedor, uma mistura de características que o tornava comparável, de certa forma, a Bobby Kennedy. Robert F. Kennedy era um político tão pé no chão quanto qualquer outro, um dos membros do círculo íntimo de seu irmão JFK durante os momentos mais terríveis da crise dos mísseis de Cuba, em outubro de 1962. Mas era também o homem que, como candidato à presidência em 1968, correu o país a bordo de uma pergunta idealista, "Por que não?", enquanto lutava por uma transformação radical da sociedade norte-americana e um novo pacto social que incluísse os eternos marginalizados. "A campanha presidencial de Kennedy em 1968 tocava em temas de política de base e governança compartilhada que a campanha de Obama exemplificou", escreveram Harry Boyte e o historiador Steven Hahn, da Universidade da Pensilvânia, num artigo a quatro mãos publicado no *Star Tribune*, de Minneapolis, ao fim da campanha das primárias.[3]

Desde o primeiro momento, Obama sempre entrou em disputas como um político avesso a truques e papo furado. Isso não significa dizer que suas campanhas tenham sido destituídas de estrategistas e sessões de pesquisa qualitativa, e sim que, embora o mantra da "mudança", como uma ampla promessa de transformação, seja mantido vago de propósito, Obama fala ao público em questões específicas com uma candura rara entre políticos modernos. Em conversas de bastidores com seus conselheiros, faz questão de dizer que prefere permanecer focado em metas políticas complexas a tentar marcar pontos baratos por meio de manobras que obriguem seus adversários a declarar votos impopulares no Senado, ou pela bajulação da opinião pública nos momentos em que esta se opõe a seus valores fundamentais.

"Ele quer virar a política de cabeça para baixo", concluiu o jornalista Hank de Zutter em seu perfil do então candidato ao Senado estadual, publicado no *Chicago Reader* em fins de 1995. "Empoderar os cidadãos juntando igrejas, empresas e bancos, velhinhas sarcásticas e jovens furiosos. Em grande parte, ele está concorrendo para preencher um vácuo político e moral."[4]

Como organizador de movimentos comunitários, Obama sempre recomendou aos ativistas locais "pegar o caminho mais virtuoso". Duas décadas depois, sua amiga Loretta Augustine-Herron retribuiu o favor, escrevendo-lhe uma carta durante os dias mais duros da campanha presidencial para lembrá-lo de não abandonar a estrada virtuosa diante da estonteante saraivada de truques baixos e petardos de lama atirados por seus adversários: não sacrificar os princípios pelo interesse imediato.

Se as descobertas de uma pesquisa qualitativa apontam um modo de tornar mais eficiente a comunicação de um ponto político sobre o qual ele já se decidiu, muito bem. Mas se a pesquisa lhe diz que sua decisão está equivocada, ele não dá meia-volta para satisfazê-la. Usa pesquisas qualitativas com frequência, mas não como informação primária na hora de traçar políticas públicas. Na verdade, diz Stephen Heintz, ele e sua equipe as empregam "para decidir como comunicar sua mensagem central de modo que ela repercuta mais junto ao público americano".[5] Trata-se de uma abordagem que difere nitidamente tanto da preocupação dos estrategistas de Hillary Clinton com pesquisas de opinião quanto dos métodos do Partido Republicano na fase em que ele foi dominado por Karl Rove, um partido que aprovou uma lei declaradamente "pró-vida" para impedir a eutanásia de Terry Schiavo, jovem que vivia em estado vegetativo há anos — e não porque os registros médicos do caso fossem questionáveis, mas porque qualquer legislação "pró-vida" agradaria em cheio à base conservadora. Nesse sentido, a abordagem de Obama funciona como uma espécie de antídoto para o cinismo que tantos americanos passaram a sentir diante da política e dos políticos nas décadas que precederam sua chegada ao poder.

Guerra de lama não resolve nada

Uma das mais notáveis habilidades políticas de Obama é o fato de ser um estudante prodígio, digerindo um volume gigantesco de informações com rapidez e absorvendo as lições dos erros passados.

Quando perdeu para Bobby Rush a eleição primária para o Congresso, em 2000, Obama aprendeu a importância de construir coalizões e de não travar batalhas políticas nos campos ideológico e retórico escolhidos pelo oponente. Posto na defensiva pelas alegações de Rush de que era uma espécie de intruso, estranho à violenta zona sul de Chicago, Obama acabou por deixar o outro ditar o ritmo da corrida. Foi um equívoco que não se repetiria.

Quatro anos mais tarde, ele cometeu um tipo diferente de erro de novato, ao se ver diante dos violentos ataques verbais de um adversário. Disputando a indicação democrata a uma vaga no Senado federal, Obama se deixou levar por uma ira visível em seus debates televisivos com o ultraconservador candidato republicano Alan Keyes. Também negro, Keyes acusou Obama de tolerar o genocídio contra os negros, apoiando o direito ao aborto. Rotulou-o de não cristão em suas posições políticas e declarou abertamente que, se Jesus estivesse vivo em 2004, jamais votaria em Obama. Para completar, ridicularizou a posição levemente desconfortável e "em cima do muro" de Obama em relação ao casamento gay. Keyes, um cristão fundamentalista que nunca deixou um fiapo de dúvida perturbar suas crenças dogmáticas, achava o homossexualismo uma abominação, um pecado. Obama acreditava que a orientação sexual era uma questão pessoal: apoiava uniões civis, mas, ao mesmo tempo, achava que o casamento deveria ser reservado à união de homens e mulheres. Não era uma de suas posições intelectuais mais coerentes, o que o deixou ligeiramente vulnerável durante os debates.

Os ataques de Keyes eram tão pessoais que, embora ineficazes, irritaram Obama. Ele perdeu sua postura calma, deixou os ombros caírem nas altercações diretas, o habitual foco de *laser* de seus olhos com os do público desapareceu. No cômputo geral, acabou por parecer quase covarde, olhando para qualquer lugar, menos para Keyes. "Ele pisou no meu calo de uma maneira que poucas pessoas jamais fizeram", reconheceu em *A audácia da esperança*. "Quando nossos caminhos se cruzavam durante a campanha, eu tinha que suprimir um desejo nada caridoso de xingá-lo ou de torcer seu pescoço."[6] Era uma confissão um tanto branda — certa vez, Jimmy Carter disse que tinha pensamentos libidinosos ocasionais, numa época em que muitas reputações políticas estavam sendo destruídas por escândalos sexuais de verdade. A confissão de Obama poderia ser arquivada na mesma gaveta: suas fantasias de violência contra Keyes soavam banais se comparadas, por exemplo, ao longo currículo do presidente Andrew Jackson como matador de homens em duelos. Mas para alguém que se orgulhava de jamais perder o sangue-frio, era também uma admissão importante do quanto Keyes havia conseguido desestabilizá-lo.

No que dizia respeito às suas respostas, porém, Obama mais do que se garantiu. E como a maioria da população de Illinois via Keyes como um incendiário, um político marginal, a eleição do candidato democrata já estava assegurada semanas antes da votação. O próprio Obama, contudo, não ficou satisfeito. Ele sabia que seu desempenho nos debates havia deixado a desejar, sabia que uma grande parte de seu apelo provinha de sua postura hábil e estava determinado a, numa próxima oportunidade, não reincidir na linguagem corporal negativa que tinha adotado diante de Keyes. Começou a ensaiar suas habilidades de debatedor por horas a fio, às vezes usando pessoas para fazer o papel de seus adversários e ajudá-lo a lapidar seu estilo.

Assim, quando veio a campanha das primárias de 2008, ele foi capaz de, em geral, arrancar um empate em questões de política pública durante a épica série de debates com a senadora Hillary Clinton, ao mesmo tempo que parecia aos telespectadores o candidato mais simpático atrás das câmeras. E quando a corrida presidencial propriamente dita começou, Obama já havia se tornado um debatedor de primeira linha.

Advogado de grandes recursos que era, tinha o cuidado de não dar chance ao azar, usando suas habilidades de debatedor para neutralizar ataques — as tentativas de ligá-lo a William Ayers, por exemplo — que teriam provavelmente afundado, ou pelo menos ferido gravemente, um político menos dotado. Esquivava-se dos movimentos de seus oponentes, acompanhava cuidadosamente seus argumentos e depois atacava seus pontos fracos lógicos. Suas respostas eram sóbrias e intelectualmente ponderáveis, e seu tom não sugeria impaciência, e sim pesar pelo fato de seus adversários não serem capazes de raciocinar com a mesma agilidade que ele. "Veja bem", dizia com frequência na abertura de suas respostas, antes de detalhar claramente por que apoiava ou se opunha a determinada política. Era como se recomendasse aos rivais que se concentrassem, que fizessem um esforço para acompanhar sua linha de raciocínio. Intelectualmente rápido, conseguia transformar uma resposta sobre seu relacionamento com Bill Ayers num discurso mais amplo sobre a necessidade de ir além das picuinhas partidárias e fechar o foco em problemas genuínos, como o acesso aos planos de saúde, que tinham um impacto real na vida das pessoas.

Sob diversos aspectos, Obama fez nos debates o que havia feito durante seus anos no Senado federal. Ele havia trabalhado com dedicação e construído um sólido histórico eleitoral, seguramente liberal, mas não radical demais, e de modo geral evitava os fogos de artifício retóricos. De olho na Casa Branca, o advogado dublê de senador não tinha o menor desejo de dizer e fazer coisas que pudessem enfraquecer as coalizões que se solidificavam em torno de sua suposta candidatura. Havia, intuía ele, tempo e lugar para ficar no limbo. Fizera isso muitas vezes em seus primeiros anos de serviço público, e, quando considerava uma candidatura ao Senado federal, arriscara sua reputação com um discurso em que se opunha às preparações de então para a guerra no Iraque: tratava-se, disse, de um mergulho apressado num conflito estúpido e desnecessário. Agora, com aquela disputa como parte do passado, procurava garantir suas credenciais de estadista por meio de viagens internacionais e alianças na capital federal, e não pelo patrocínio de causas legislativas polêmicas.

Nos debates do Senado ou sentado na cadeira elétrica dos debates presidenciais, Obama punha em ação muitas das habilidades que havia aprendido na Escola de Direito. A principal delas, segundo Chris Edley

— que foi professor do candidato em Harvard e, mais tarde, tornou-se diretor da faculdade de direito da Universidade da Califórnia, em Berkeley —, era uma capacidade de entrar na mente dos adversários. "Há certos aspectos do treinamento legal que, acredito eu, são especialmente valiosos nesse ramo de atividade. O mais básico deles é que tentamos enfiar na cabeça dos alunos a importância de refletir sobre o outro lado da discussão. Um bom advogado de acusação, por exemplo, sabe que, para preparar seu caso, é preciso imaginar quais serão os melhores argumentos da outra parte e se antecipar a eles, preparar contra-argumentos, enxergar o jogo três movimentos adiante. Isso produz o hábito mental de sempre considerar qualquer proposição sob diversos ângulos, para ver se ela se sustenta sob escrutínio pesado. O que obviamente é útil quando você está tentando tomar uma decisão política difícil." Sob muitos aspectos, é como aprender a jogar xadrez. O resultado desse hábito, acredita Edley, é uma "abordagem equilibrada, desapaixonada e analítica" que contrasta dramaticamente com o "estilo caótico de guerra de lama dos debates políticos", que tantas vezes tem passado por liderança nos Estados Unidos dos últimos tempos.[7]

Em 2008, numa campanha eleitoral em que a desilusão com a política tradicional atingiu seu ponto máximo, tal formação ajudou a fazer de Barack Obama um candidato incrivelmente forte. Ele não era um oportunista, um homem que diria qualquer coisa para ganhar uns votos a mais; em vez disso, refletia sobre as questões juntamente com os eleitores. Podia não ser o debatedor mais apaixonante na arena, mas, em geral, passava a impressão de ser o mais ponderado.

Mesmo assim, não se tratava apenas do fato de que Obama era capaz de pensar a longo prazo nas questões de política pública. Ele também tinha uma capacidade fenomenal de criar elos entre temas diferentes, de entender como a aplicação da lei pode ter impacto em uma ampla gama de questões sociais. Em vez de compartimentar as questões, pensava de forma holística. "Estudantes realmente excelentes se tornam adeptos de esmiuçar cirurgicamente problemas complexos. Descascam a cebola camada por camada, ou qualquer outra metáfora que você queira usar. Mas mentes legais excepcionais, além de fazer isso, também conseguem recuar um passo e refletir sobre as questões teóricas mais amplas, além das circunstâncias práticas. E isso acontece com muito menos frequência do que se poderia imaginar, em parte porque o ensino de direito está focado em estreitar e concentrar a análise, e não na capacidade de recuar um passo e pensar criativamente. Mas Barack, mesmo quando estudante, conseguia isso", observa Edley. Outros professores de Harvard, inclusive Laurence Tribe, que décadas mais tarde aconselhou o candidato Obama em questões jurídicas, perceberam a mesma habilidade.[8]

Num curso que Edley ministrou sobre reforma educacional, Obama desviou o debate, que estava centrado nas disparidades de recursos educacionais em diferentes comunidades, para os desafios legais que podiam ser enfrentados para combater a discriminação em locais de trabalho e oportunidades desiguais de emprego. "Era um argumento realmente sofisticado", observa o professor, e consideravelmente além do alcance da maioria dos outros estudantes. Para alguém que ainda não tinha nem trinta anos, era um pensamento, segundo Edley, maduro ao extremo, e deixou o professor praticamente convencido de que seu aluno iria longe na vida. "Acho que, ao longo de meus 28 anos como professor de direito, houve uma meia dúzia de alunos cujas ações eu tive vontade de comprar, por ter muita confiança de que acabariam realizando grandes feitos. E Barack com certeza foi um deles."

Em 2008, os telespectadores tendiam a concordar com as observações de Edley. Pesquisas de reação instantânea após os debates sugeriram que a maioria dos eleitores considerou Obama melhor que John McCain em todos os três debates frente a frente. Sua linguagem corporal era elegante e suas respostas, ponderadas e objetivas. Quando ele falava, estabelecia uma comunicação imediata com o público. Tanto em Springfield como nos debates televisivos dos anos seguintes — como notou seu ex-colega de Senado estadual John Milner, um detetive especializado em homicídios e em análise de linguagem corporal —, Obama jamais cruzava os braços, virava o rosto ou fazia qualquer outro gesto que pudesse afastar as pessoas com as quais conversava. Em vez disso, "inclinava-se na direção da pessoa, o que indica interesse. Barack conseguia conversar com a pessoa e encontrar algo em que pudesse acreditar. Então começava a mover a cabeça em sinal de assentimento. E a pessoa à sua frente, que não necessariamente concordava com ele, também começava a mexer a cabeça. É um dom".

Com exceção de seus debates contra Keyes, Obama tomava o cuidado de controlar sua raiva quando os adversários o alfinetavam. "Sim, ele *fica* bravo", acredita Milner. Mas sabe como disfarçar suas emoções. "Uma das coisas que ele faz é abrir um belo sorriso quando está começando a se irritar. Isso o deixa bem, faz com que pareça seguro." Seu sorriso, diz Milner, "é seu momento de pausa. Dá a ele uma chance de se reorganizar um pouco. Sua linguagem corporal é muito controlada. Ele sabe até onde pode ir, sabe o momento em que precisa parar. Aprendeu muito com os debates contra Keyes. Quando estava ficando furioso, seus assessores lhe disseram: 'Você não pode mais fazer isso.' Barack aprende depressa. Respondeu: 'Vocês têm razão.' Se você comparar os debates contra Keyes com os debates contra John McCain, verá que sua linguagem corporal mudou significativamente".[9]

Em algumas ocasiões, a calma do candidato parecia quase zen. O efeito disso, como descobriu John McCain com grande desconforto, era que se tornava quase impossível desviá-lo de seu caminho. Ele parecia Björn Borg, ícone do tênis nos anos 1970, um homem de gelo que jogava para vencer o jogo — no caso, a eleição —, e não para derrotar adversários individuais. Evitava os ataques pessoais e, quando lhe convinha, concordava generosamente com seu oponente — "Concordo com o que John disse", afirmou diversas vezes durante os debates — antes de se lançar num discurso sobre as propostas em discussão e sobre por que, na verdade, sua abordagem do problema em questão era diferente ou mais abrangente que a do adversário.

Relatórios médicos indicam que Obama tem pressão arterial abaixo da normal (90/60) e um pulso ligeiramente mais lento que a média dos homens de sua idade.[10] (Borg também era famoso por manter seus batimentos cardíacos lentos, mesmo após horas de exercício extenuante. Isso era parte da mística da "calma sob pressão" que encantava seus fãs nos anos 1970, quando ele venceu sucessivos Abertos da França, nas lentas quadras de saibro de Paris, e torneios de Wimbledon, na grama rápida de Londres.) Obama gosta da aura *cool* que projeta: como disse a um entrevistador da revista *Rolling Stone*, ela lhe permitia atacar de surpresa seus oponentes na arena política, sem que eles o vissem se aproximar.[11] Isso o torna especialmente eficaz sob o clarão das luzes de um estúdio de TV. "Em parte é sua personalidade, em parte seu processo de pensamento e o modo como ele traduz suas ideias em palavras", explica Stephen Heintz, presidente do fundo Rockefeller Brothers.[12] "A frieza de sua pessoa e a frieza da mídia combinam tão bem que Obama é simplesmente ideal para ela."

Jogo sério e sem trégua

O mito sobre como Obama foi parar na política diz que tudo se deu quase por acidente, um jovem tateando no escuro entre várias carreiras e possibilidades de emprego. A realidade é muito mais calculada: Alan Dershowitz, professor de direito de Harvard, acredita, olhando para trás, que ele já planejava uma carreira pública antes mesmo de se graduar no ensino secundário, quando se transferiu do Occidental para Columbia. Com certeza, quando chegou a Cambridge para cursar direito em Harvard, já estava sonhando alto.

Obama ganhou a presidência da *Harvard Law Review*, convencendo os conservadores, num ambiente universitário de polarização racial, de que era um liberal com quem eles podiam trabalhar. Não é que fosse um camaleão — não dizia nada em que não acreditasse. Apenas tinha a capacidade de persuadir as pessoas a trabalhar com ele, mesmo quando não compartilhavam todas as suas metas e estavam plenamente cientes de que ele discordava da visão de mundo delas. Seu amigo Ken Rolling, veterano defensor da reforma educacional, afirma: "Ele gosta de opiniões conflitantes e informações conflitantes, coisas desse tipo. Mas logo quer descobrir 'como vamos fazer para conciliar essas coisas e seguir em frente'. Não que ele seja um maria vai com as outras. Ele nunca diria: 'Farei qualquer coisa que vocês quiserem.' Não era um pacificador. Era um mediador. Cobrava de nós que não saíssemos por aí irritando as pessoas."[13]

Mais tarde, como senador estadual, Obama foi criticado por, em diversas ocasiões, votar simplesmente "presente" em questões controversas, como a de mudanças na lei estadual do aborto. Aquele tipo de voto permitia dizer que ele havia participado dos grandes debates, mas, ao mesmo tempo, o eximia de assumir um lado, e assim perder apoios potenciais, em questões de grande carga emocional. A crítica pode ter sido exagerada: afinal, Obama, um protegido do então presidente do Senado estadual Emil Jones Jr., construiu um forte currículo legislativo em Springfield, patrocinando significativas reformas éticas e mudanças no sistema de justiça criminal, entre outros feitos. Mas sugeria uma útil habilidade do jovem político: a de escapar de grandes embates sem um arranhão.

Em todos os ambientes políticos em que se viu ao longo dos anos, Obama dominou rapidamente as regras do jogo. Ele sabe montar equipes unidas de assessores graduados, comunicar-se com o público e construir bases de apoio. Quando seus colegas dos tempos de organização comunitária disseram-lhe que devia entrar para uma igreja, por estar trabalhando com grupos baseados em igrejas, acabou escolhendo a Trinity United. Pelo menos em parte, acreditava o reverendo Alvin Love, seu amigo, a escolha era provavelmente influenciada por fatores geográficos: a Trinity ficava a poucas quadras da área em que atuava o Projeto de Desenvolvimento Comunitário. Se ele tivesse se filiado a uma igreja na área de influência do Projeto, que abrangia grande parte da zona sul de Chicago, talvez se afastasse de outras congregações na mesma área por preteri-las. *Todos estamos empenhados em combater o bom combate. Todos abrimos os porões de nossas igrejas para organizar reuniões. Então por que ele escolheu aquela igreja e não a minha?* Ao optar pela Trinity, um local de culto intimamente ligado à história negra da zona sul, mas não diretamente envolvido nas campanhas comunitárias abraçadas pelo Projeto, ele se esquivou do problema.[14]

À medida que escalava o mundo da política em Illinois, Obama foi bem-sucedido em forjar alianças com personagens influentes de um estado famoso por sua política dura e frequentemente corrupta, mas, ao mesmo tempo, se manteve fora de confusões. Navegou nas águas turvas de um mundo em que muitos se refestelam na lama — basta ver as atribulações legais em que se meteu o ex-governador de Illinois Rod Blagojevich, apanhado num grampo do FBI quando negociava a venda da vaga deixada pelo presidente Obama no Senado, ou, de modo mais geral, a cultura do toma lá dá cá no estado —, mas conseguiu se manter limpo. As acusações sobre seu relacionamento com o empreiteiro corrupto Tony Rezko, mestre em manobrar nos bastidores do poder, nunca chegaram a vingar de verdade. E o jogo duro que sua campanha promoveu para manter a então senadora Alice Palmer fora da disputa de 1996, quando Obama concorria ao Senado estadual — com seus assessores questionando com sucesso a validade das assinaturas constantes no requerimento eleitoral de Palmer —, mantinha-se nos limites da lei, embora de certa forma enfraquecesse as alegações de Obama sobre a promoção de um tipo novo e mais gentil de política.

Ao longo dos anos, ele foi escolhendo para seu time pessoas cada vez melhores e mais influentes. Tornou-se amigo de Emil Jones Jr., o senador estadual veterano que assumiu a presidência do Senado de Illinois em 2002, quando os democratas finalmente recuperaram a maioria em Springfield. E então convenceu Jones a deixá-lo patrocinar projetos de lei escolhidos a dedo, que podiam favorecê-lo em zonas eleitorais importantes. Num incidente muito comentado, ocorrido a poucos meses de sua entrada na corrida por uma vaga no Senado federal, Obama disse ao presidente do Senado estadual que ele, Emil Jones Jr., tinha o poder de fazer um senador federal. E quando o outro, por ingenuidade ou por se fazer de desentendido, perguntou "quem?", Barack respondeu calmamente que estava falando de si mesmo. Obama queria rumar para Washington, e Jones poderia ajudá-lo polindo sua imagem em Springfield.

Jones, um ex-inspetor de esgotos de Chicago que queria deixar sua marca na política do país, mas não tinha a bagagem necessária para ir além do plano estadual, se deixou seduzir por Obama. Talvez a ida do jovem para Washington pudesse ser seu legado. O presidente do Senado de Illinois começou a usar sua influência para promover o nome de Obama e, quando se abriu uma vaga no Senado federal, para bloquear o apoio de pessoas importantes aos demais concorrentes.

Ao mesmo tempo, Obama cultivava muitos dos poderosos patronos liberais da cidade, homens e mulheres que não só podiam levantar fundos para um candidato que aprovassem, mas também apresentá-lo a personagens ainda mais importantes do *establishment* político do país. Em 2004, quando finalizava sua campanha para o Senado federal, já estava sob a asa do consultor político mais influente de Chicago, David Axelrod. Com Obama como cliente, o consultor vislumbrava um possível caminho para a glória.

Axelrod percebia que Obama trazia para a mesa habilidades extraordinárias de oratória. Ouvindo Obama falar, nota-se em sua entonação e cadência a voz de um poeta, um homem ciente de estar desvelando para sua audiência enfeitiçada a métrica da história, usando não só a língua do momento, mas também o ritmo e a cadência dos grandes oradores do passado. Como disse o sócio de Axelrod, John Kupper, trata-se de um contraste interessante: um homem que, em sua postura pessoal, é discreto e avesso a expansões (Obama Sem Drama), revela-se um mestre em tocar as cordas emocionais da plateia quando sobe ao palco.[15]

Até certo ponto, é um dom semelhante à atuação dramática dos grandes atores. Num encontro com eleitores comuns numa lanchonete ou em cima de um palanque à frente de cem mil pessoas — ou mesmo, como no dia da posse, dois milhões delas —, Obama fica tão absorvido pelo respectivo momento quanto, por exemplo, Marlon Brando em *Um bonde chamado desejo*. "Defina a diferença entre o seu comportamento e o do personagem", sentenciou Stella Adler, grande teórica do chamado Método. "Descubra todas as justificativas para as ações do personagem, e parta daí para atuar *por si mesmo*, sem pensar onde sua ação pessoal termina e a do personagem começa."[16] Obama se transformava no político que se esperava que ele fosse em cada uma daquelas situações, fundindo com perfeição sua personalidade e seu tom para se adequar às exigências do momento, pondo em ação a força máxima de seu intelecto e todo o seu potencial de empatia para conquistar a plateia.

A conselho de Axelrod, e com a ajuda de Michelle — que tinha trabalhado na prefeitura por muitos anos — e também de sua grande amiga Valerie Jarrett, o político que se vendia como crítico da máquina governamental voltou a flertar com o centro do poder. O pragmático que havia nele começou a ter boas relações com a administração do prefeito Daley, moderou as críticas que costumava lhe fazer por projetos de maquiagem em áreas pobres e acabou por deixar que suas palavras fossem usadas no material promocional de um consumado político movido à máquina. "Não creio que haja uma cidade nos Estados Unidos que tenha progredido tanto quanto Chicago nas últimas décadas. E muito disso tem a ver com nosso prefeito. Ele tem uma reputação nacional que é merecida", dizia um boletim de Daley, citando Obama, no início de 2007.[17] Quando ele chegou ao Senado federal, em janeiro de 2005, conseguiu se tornar membro de algumas comissões importantes. Nos quatro anos em que ficou no cargo, trabalhou nas comissões de Relações Internacionais; Meio Ambiente e Obras Públicas; Saúde, Educação, Trabalho e Aposentadoria; Segurança Interna; e Questões Governamentais. Também presidiu um subcomitê sobre questões europeias. Metodicamente, foi ampliando sua influência e mapeando um caminho rumo ao coração do poder.

As estradas do poder

Já em 1992, quando ele e Michelle Robinson se casaram na Trinity United Church of Christ, Obama era o centro de um poderoso e ambicioso círculo de pessoas liberais e educadas de Chicago. "Ficou claro para mim e para minha mulher, quando chegamos à igreja, que estávamos no casamento do ano na zona sul de Chicago. Isso era claro como água", recorda Ken Rolling. Valerie Jarrett estava na fila logo atrás dos Rolling. David Massina, na época chefe de gabinete do prefeito Daley, sentou-se perto deles. A filha de Jesse Jackson entoou uma canção na festa no clube South Shore, onde os convidados foram recepcionados com um jantar. "Embora ele estivesse trabalhando num nível muito local, era muito inteligente e buscava ampliar seu alcance, fazendo contatos, primeiro na esfera municipal e depois além, imaginando formas de conhecer pessoas em planos ainda mais elevados. Ele sempre buscava construir círculos cada vez mais amplos de amizades", diz Rolling. "Não hesitava em tomar a iniciativa de encontrar pessoas de forma muito sistemática. Com método, ia ampliando o círculo de nomes a conhecer. Estava sempre disposto e desejoso de se sentar com grandes empresários, de conhecer veteranos personagens dos direitos civis, dos movimentos cívicos, ativistas com uma longa história na cidade, e também pessoas que tivessem dinheiro e a influência que ele é capaz de comprar. Eu me assombrava ao ver como esses círculos não paravam de crescer. Acho que ele estava muito determinado a chegar lá."[18]

Naturalmente, os círculos em expansão ainda deixavam algumas pessoas se sentindo excluídas. Muitos políticos de Springfield, especialmente outros legisladores negros da área de Chicago, ressentiam-se do senso de predestinação de Obama, da aparente facilidade com que ele navegava entre tantos mundos. Alguns fingiam ser incapazes de pronunciar seu nome. Outros o acusavam de ser tão esperto que isso não podia lhe fazer bem. Havia, naquele tempo, algo de Gatsby em Obama, uma sensação de que tudo o que tocasse viraria ouro. E essa característica provocava desconfiança. Para a vereadora Toni Preckwinkle, a decisão de Obama de não permitir que Alice Palmer disputasse a eleição em 1996, embora fosse politicamente correta, revelava, mesmo assim, muito sobre seu caráter. "Ele estava disposto a aturar um volume significativo de críticas em nome de suas próprias ambições", diz ela, medindo as palavras. E volta a falar em código quando lhe perguntam se gosta da pessoa de Obama. "Tenho um enorme respeito por tudo o que ele conquistou", acaba respondendo.[19]

No entanto, uma vez tendo se tornado poderoso, muitos de seus críticos foram admitidos em seu círculo encantado, tratados de modo a se sentir em casa e importantes. Obama é um político astuto que tem a habilidade de neutralizar seus oponentes e a sabedoria de, em seguida, estender-lhes a mão para incluí-los de volta em seu jogo. Tome-se o exemplo do senador estadual Rickey Hendon. Ele havia conseguido arrastar Obama Sem Drama para pelo menos uma batalha verbal ruidosa em Springfield, em parte por sugerir que Obama era uma espécie de intruso, que não era um autêntico "homem da cidade". Anos depois desse episódio, Hendon não queria nada além de ser amigo de Obama. O político superstar era, dizia ele agora, "um grande cavalheiro".[20] *Ele antipatizava com Obama?* A pergunta faz Hendon se irritar muito e depressa. "Não dou a mínima para o que as pessoas falam de mim. Isso é típico. Estou farto de tentar negar que eu não goste de Barack Obama." Trata-se, garante ele, de "cascata da grossa" dizer que ele não se dá bem com o novo presidente. Havia se empenhado tanto quanto qualquer outro na campanha de Obama à presidência. O congressista Rush, que se deliciou ao dar uma lição de humildade a Obama em 2000, agora recusa todas as entrevistas sobre o assunto e manda seu porta-voz dizer que fez as pazes com Obama e está feliz em considerar o presidente um amigo pessoal. É possível que esses homens queiram estar nas boas graças de Obama simplesmente por ser ele tão poderoso agora. No entanto, muitos presidentes levaram consigo para o cargo animosidades angariadas ao longo de sua carreira. Obama, contudo, parece fazer questão de desfazer tais tensões. Isso é parte de sua convicção de que as diferenças podem frequentemente ser postas de lado através da boa e velha comunicação.

Embora Obama gozasse de um conceito sólido entre grupos liberais por seu histórico de votação no Senado federal — apesar de sua cautela em apoiar projetos de lei que pudessem de alguma forma ser tachados de "radicais", o *National Journal* chegou a ranqueá-lo como o senador mais liberal de 2007[21] —, ele não era avesso a descartar causas populares entre os liberais e afugentar eleitores de inclinação esquerdista quando parecia pragmático fazer isso. Veja-se sua promessa, feita no início da campanha eleitoral, de restringir o levantamento de fundos e disputar uma eleição paga sobretudo por recursos públicos — uma antiga bandeira de progressistas interessados na reforma do sistema eleitoral. Tão logo ficou claro que sua candidatura conseguiria arrecadar mais que a de seus adversários, a promessa foi discretamente posta de lado e os fundos privados, na casa de muitas centenas de milhões de dólares, começaram a jorrar para a sua campanha.

Quase um ano depois dessa meia-volta, Obama incomodou alguns liberais mais uma vez, ao fazer questão de agradar formadores de opinião conservadores: pouco antes de prestar seu juramento para ser empossado na presidência, convocou um encontro amplamente noticiado com blogueiros e colunistas de jornais de direita — dispensando-lhes um tempo maior do que dera a blogueiros situados no lado progressista do espectro político. Na véspera da posse, ofereceu um jantar a seu oponente derrotado, John McCain. E no próprio dia, por escolha sua, foi o pastor evangélico Rick Warren — que se havia indisposto com os progressistas por sua suposta retórica homofóbica nos debates sobre a chamada Proposta 8, projeto de lei contra o casamento gay na Califórnia — quem fez a prece durante a cerimônia. Era, ao mesmo tempo, um aceno amistoso a Warren, que tinha convidado os candidatos presidenciais à sua igreja para um encontro no início da campanha, e, de modo mais geral, um sinal de reconciliação com uma comunidade evangélica que se ressentia da influência que havia perdido na eleição de novembro.

Desarmar os adversários por meio da elegância: John Kennedy foi um mestre nessa arte. Quando o renomado cientista Linus Pauling, ganhador do Prêmio Nobel de Química de 1954, criticou sua administração por retomar os testes com armas nucleares, Kennedy reagiu convidando-o, e a outros agraciados com o Nobel, para um jantar de gala na Casa Branca, durante o qual ele e Jackie Kennedy cortejaram constantemente seu crítico. Quando estudantes se aglomeraram na Pennsylvania Avenue para protestar contra a política de confronto nuclear entre os Estados Unidos e a União Soviética, em fevereiro de 1962, o presidente ordenou ao pessoal de sua cozinha que servisse aos manifestantes, que tremiam de frio, xícaras de café e chocolate quente. Proporcionar assistência e alívio aos adversários, mesmo que isso não signifique ceder-lhes terreno político significativo. Deixar um conservador, Rick Warren, abençoar a posse, e depois acenar para a esquerda mais uma vez, ao fazer com que um veterano da campanha dos direitos civis, o octogenário reverendo Joseph Lowery, lesse em voz alta a letra do "hino nacional" afro-americano, "Lift Every Voice and Sing", ao fim da cerimônia de posse.

Obama acredita claramente que não há pecado algum em desapontar ou mesmo confundir temporariamente seus eleitores-chaves se, ao fazer isso, consegue abrir caminho para suas principais metas legislativas e a realização de seus mais caros ideais.

Um mestre do jogo

Apesar do círculo de amizades em eterna expansão que Rolling identificou, Obama ainda é, de certa forma, uma figura surpreendentemente solitária — uma pessoa que sempre precisou lutar para criar um nicho para si mesma, que sempre foi visivelmente diferente da maioria à sua volta. Essa autossuficiência é uma parte fundamental de sua identidade. Vendo Barack Obama em ação, estamos diante de um Grande Mestre da política ou de um jogador de pôquer muito talentoso (o presidente joga xadrez, embora se refira ao jogo apenas raramente). Alguém que aprendeu a montar estratégias complexas na cabeça, que aprendeu a aceitar, ou a sintetizar, o conselho dos outros e, no fim das contas, reunir sua própria força interior para tomar decisões importantes. Vendo Obama desmantelar seus adversários durante as semanas e os meses de suas campanhas, observamos alguém com um dom sobrenatural para o jogo implacável da política e que, ao mesmo tempo, aperfeiçoou-se na elegante e graciosa arte de esgrima intelectual. Ele é um tigre com o sorriso enternecedor de um gato de Cheshire. Prega o fim da "política tradicional" e, no entanto, é um dos grandes praticantes do ofício.

No ringue de boxe, Muhammad Ali provocava seus adversários mais fortes e pesados, cansando-os com a dança de seus movimentos de pluma até estar pronto para encurralá-los contra as cordas. No palco político, Obama exibe a mesma ausência aparente de esforço. Isso não quer dizer que nunca cometa erros — basta lembrar que qualificou de "amargos" os eleitores da classe trabalhadora, no meio da campanha das primárias —, e sim que, quando o faz, é suficientemente ágil para minimizar rapidamente os danos. Tem o instinto de saber o que precisa ser feito para consertar logo as coisas quando dá um passo em falso.

Ao descrever o político Obama, amigos e colegas usam duas palavras que não costumam aparecer juntas com muita facilidade. Com frequência, ouve-se que ele é tanto um pragmático quanto um idealista. É movido por ideais, mas não quer sacrificar o poder apenas para conservar um sentido romântico de pureza. Faz o que precisa ser feito para permanecer à frente no jogo. Numa entrevista de maio de 2009 ao repórter David Leonhardt, do *New York Times*, Obama declarou que a bússola de sua política econômica seria guiada por um "pragmatismo implacável".[22] No entanto, ele também tinha a clara ambição de não apenas atacar problemas específicos, mas, fundamentalmente, de remodelar a economia e a política do país.

Então o que vem primeiro, o idealismo ou o pragmatismo? "Ah, essa é uma boa pergunta", responde o reverendo Alvin Love, pronunciando as palavras lentamente, enquanto tenta encontrar uma resposta. "Eu *acho* que ele é um idealista primeiro, e talvez depois seu idealismo seja estruturado pelo pragmatismo." Love enfatiza o "acho", deixando claro que ainda não se decidiu por completo sobre a questão. "Talvez ele realmente anteveja que tudo é possível. Grandes possibilidades. Agora, como fazer isso acontecer? É onde entra o pragmatismo, dando forma a seus ideais. Você tem que ser antes de tudo um idealista, sendo negro, para disputar a presidência dos Estados Unidos. Precisa acreditar que esse tipo de coisa pode acontecer. Então, o pragmatismo vem e abre o caminho para aquilo. Um pragmático puro teria dito: 'Olha, um negro na presidência não dá.' Então, eu diria que ele é primeiro um idealista. Visualiza o que *pode* e o que *deveria* acontecer."[23]

Estudo de caso: A primária de Iowa

Como candidato ao mais alto cargo da nação, Obama sempre acreditou claramente que surfava as ondas da história. Sem seu instinto histórico, é impossível compreender a lógica que o impeliu de personagem carismático, mas flagrantemente menor, na convenção do Partido Democrata em 2004 a um homem que atirou seu chapéu no ringue presidencial menos de três anos depois.

O que levava um homem negro e quase sem experiência na política nacional a acreditar que poderia vencer a eleição primária de Iowa, disputada no complexo sistema de *caucus*? O que o fez pensar que uma maioria de filiados ao partido Democrata num dos estados mais brancos do país ouviria suas palavras, em vez de simplesmente levar em conta a cor de sua pele? O que o deixava tão seguro de que as primeiras pesquisas de opinião mostrando Hillary Clinton com uma vantagem de vinte ou mesmo trinta pontos percentuais entre os prováveis votantes estavam erradas? A decisão de Obama de disputar Iowa agressivamente não fazia sentido por nenhum cálculo político convencional. Contudo, em retrospecto, percebe-se que ele — como John Kennedy, que, católico, acreditou ser capaz de conquistar os votos dos protestantes nas eleições primárias — fez uma leitura perfeita do momento.

Para o reverendo Alvin Love, pelo menos parte dessa segurança provinha do trabalho de Obama como organizador comunitário, em um porão de igreja após o outro, na zona sul de Chicago, em meados dos anos 1980. Trabalhar nesse ambiente, acreditava Love, era algo que se aproximava da tarefa íntima, mão na mão, de construir laços de confiança e conquistar o apoio dos votantes num estado como Iowa. Não se tratava tanto de frases de efeito e campanhas de mídia, mas de conhecer pessoas, ouvir as histórias delas e contar-lhes a sua. Obama logo pareceu a todo mundo "simpático", lembra o colunista político do *Des Moines Register*, David Yepsen.[1] "Aquele sorriso. Suas filhas foram um trunfo. Sua mulher acabou se revelando um grande trunfo. Ela esteve aqui participando de eventos sozinha, sempre com grande público. Havia calor humano ali, uma conexão pessoal que ele tinha com as pessoas daqui." O consultor de mídia Axelrod e o chefe de campanha David Plouffe foram capazes de, como diz Yepsen, "engarrafar e enlatar esse entusiasmo. Era tudo muito metódico. Vou lhe dar um exemplo: havia grandes multidões em seus comícios. Para participar do evento, você tinha que se submeter a um breve questionário: 'Você está registrado? Sabe onde vai votar?' As pessoas foram claramente identificadas cedo como partidárias de Obama. Axelrod e Plouffe são sujeitos que já trabalharam neste estado uma porção de vezes, eles entendem a cultura local e fizeram questão de ter uma organização superior".

Em encontro após encontro, Obama não apenas discursava, mas ouvia, aceitando perguntas da plateia sem filtro e interagindo com ela em seus próprios termos. Quando um menino de sete anos de idade se levantou durante um encontro na pequena cidade de Maquoketa, em meados de setembro de 2007, e lhe pediu que desse um fim imediato à guerra do Iraque, Obama respondeu com cortesia, combinando seriedade com um toque de humor. Conforme registrou o *Des Moines Register*, o candidato sorriu e, antes de se lançar a uma defesa de seus planos de retirada gradual do Iraque, comparou seu inquiridor ao personagem infantil Opie, do programa televisivo *The Andy Griffith Show*. O garoto ficou devidamente impressionado com Obama, mas depois disse aos jornalistas que ainda apoiava Hillary Clinton. No entanto, muitas outras pessoas em Maquoketa e em outras cidades já não tinham tanta certeza. Quanto mais se familiarizavam com o senador novato do Illinois, mais gostavam dele. Para um número crescente de habitantes de Iowa, Obama era, ao mesmo tempo, o candidato pacifista de maior credibilidade e o que entendia melhor o dia a dia da população e suas preocupações imediatas.

À medida que Obama tomava o estado de assalto, sua capacidade de interagir com a plateia atraía cada vez mais apoio. Para Jason Clayworth, repórter político do *Register*, ele estava dosando seu ritmo com perfeição: não gastara toda a energia de saída nem se preocupara demais com as primeiras pesquisas.[2] Em vez disso, manteve seu lugar atrás de Hillary e Edwards, pronto para dar no fim do ano uma arrancada rumo à linha de chegada. Na noite do lendário jantar "Jefferson-Jackson", em 10 de novembro de 2007, Obama já tinha solidificado um núcleo de partidários locais e uma imagem de apóstolo da mudança, de azarão determinado a subverter a ideia tradicional de política.

Naquela noite, ele fez um discurso com sua marca registrada — animador na mensagem, elevado nas imagens, corrosivo na crítica a uma cultura política reduzida a slogans e pesquisas qualitativas. "Este partido — o partido de Jefferson e Jackson, de Roosevelt e Kennedy — sempre fez mais diferença na vida do povo americano quando o liderou com base, não em pesquisas de opinião, mas em princípios", disse. "Não em cálculo, mas em convicção. Nos momentos em que convocamos toda a nação para um objetivo comum — um objetivo mais elevado. E eu disputo a presidência dos Estados Unidos da América porque este é o partido que o país precisa que nós sejamos neste momento. Um partido que ofereça não apenas propostas políticas diferentes, mas uma liderança diferente. Um partido que não se importe apenas em vencer, mas em por que deveríamos vencer." Ele falou de fechar Guantánamo e de restaurar o *habeas corpus*. Falou de combater a proliferação nuclear e de tomar medidas sérias na questão do aquecimento global. De dar acesso a tratamentos de saúde a todos e de aumentar o salário mínimo. Para concluir, disse que tinha a visão de nada menos que "uma nação curada. Um mundo consertado. Uma América que mais uma vez acredita".

Obama tinha atirado sua luva no chão. O jovem senador de Illinois era agora o homem a ser derrotado. No ano novo, a poucos dias da votação das primárias, uma pesquisa feita pelo *Des Moines Register* sugeria que ele tinha assumido a liderança entre os prováveis eleitores.

Alguns meses antes, quando falava em construir o avião enquanto ele taxiava na pista para decolar, Obama tinha apostado que seria capaz de reunir um time de colaboradores capaz de vendê-lo aos eleitores maciçamente brancos na primária de Iowa. Se falhasse, sua candidatura provavelmente estaria natimorta. Se tivesse sucesso, porém, começaria o longo processo de convencer os céticos de que era não apenas suficientemente qualificado para ser presidente, mas também capaz de estabelecer uma conexão com eleitores brancos em número suficiente para neutralizar o impacto do preconceito de cor durante a exaustiva campanha presidencial. Aquilo lhe valeria o apoio não só de mais eleitores brancos em estados cujas eleições primárias viriam logo após a de Iowa, mas também de negros — que, inicialmente, apoiavam mais Clinton que Obama, em grande parte dos casos por imaginarem que o senador de Illinois não tivesse chance de vitória.

Quando chegou o dia da votação, a campanha de Obama tinha 37 escritórios espalhados por Iowa, uma operação que transformava em anões os esquemas montados por Hillary Clinton e John Edwards. No Boomer Café, perto do quartel-general de Obama em Des Moines, Sasha e Malia Obama podiam ser vistas de vez em quando comendo cookies de chocolate. Logo o dono do estabelecimento estava vendendo "cookies Obama" aos milhares, cada um deles um doce panfleto do candidato.

Já arrecadando a essa altura largas somas em dinheiro, Obama começou a usar seu comitê de ação política Hopefund para captar contribuições de campanha para um grande número de políticos estaduais que disputavam eleições ou reeleições. Em troca, eles lhe davam seus apoios. A intenção, desde o primeiro momento, foi criar rachaduras no verniz de invulnerabilidade de Hillary, enfraquecendo-a pelo simples método de fazê-la parecer uma mera mortal política.

Minar a senadora Clinton no varejo e no atacado era importante. A suposição de que ela fosse imbatível, que sua candidatura fosse já um fato consumado, era a principal razão pela qual muita gente a apoiava. Claro, os Clinton tinham muitos fãs empedernidos que votariam em Hillary de qualquer maneira, fosse por seus méritos ou por lealdade a seu marido. Mas outras pessoas só queriam se agarrar a um provável vencedor. Era ela a candidata dominante. Se Obama queria estragar sua festa, teria que fazer isso de saída, antes que ela ganhasse um embalo impossível de deter. Se perdesse Iowa, a campanha das primárias chegaria ao fim antes mesmo de começar; se vencesse, o inverno e a primavera seriam longos.

Como em tantos outros momentos-chaves de sua ascensão meteórica, Obama teve sorte. Ou melhor, quando seus adversários cometeram erros, soube aproveitá-los. A equipe de Hillary foi decididamente desleixada com Iowa. Muitos dos membros do círculo íntimo de Obama, ao contrário, eram mestres em tirar o máximo de vantagem do complexo sistema eleitoral do estado. "Plouffe trabalhou no *caucus* de Iowa com Dick Gephardt, em 2004. E nós fizemos a campanha de Paul Simon lá, quando ele concorreu em 1988", explicou o sócio de Axelrod, John Kupper.[3] "Também tínhamos feito a campanha de John Edwards quatro anos antes. Havia muita gente associada à campanha de Obama com experiência anterior em Iowa. Não acredito que houvesse toda essa experiência do outro lado porque, francamente, Bill Clinton nunca competiu para valer no estado."

Em 1992, o então governador Clinton, imerso num escândalo sexual precoce, praticamente cedeu Iowa a um nativo da terra, Tom Harkin, para investir numa chegada forte em New Hampshire, onde faria seu nome como "o garoto da virada". Dezesseis anos mais tarde, a campanha de sua mulher, excessivamente confiante nas lições aprendidas com a surpreendente jornada de Bill rumo à Casa Branca, cometeu o erro fatal de subestimar o significado psicológico de uma derrota na primeira primária do país para uma campanha emergente como a de Obama. O problema de Hillary era que, sob muitos aspectos, a candidatura de Barack Obama era mais parecida com a de Bill Clinton do que a sua. Obama era o azarão jovem e carismático que tomava de assalto o *establishment* do partido. Hillary, ao contrário, era agora parte do sistema.

Enquanto Obama construía sua base de apoio com literalmente dúzias de visitas ao estado — em muitas das quais fez questão de enfatizar suas credenciais de opositor da guerra do Iraque a prováveis eleitores de inclinação liberal, declarando que seu "juízo", e não sua pequena experiência executiva, era o melhor indicador do tipo de presidente que seria — alguns dos assessores de Hillary chegaram a lhe recomendar que se afastasse da disputa para se concentrar em prêmios mais vistosos adiante. A líder da disputa estava caminhando para um começo desolador, cedendo terreno não apenas a Obama mas também ao ex-senador John Edwards.

"Nosso pessoal tinha um conhecimento profundo de como funcionava o processo do *caucus* e de como era possível usar esse processo para maximizar nossa vantagem e o número de delegados", explica Kupper. Eles sabiam, por exemplo, que em localidades rurais eram necessários menos votos para assegurar um delegado do que em grandes cidades; assim, enquanto Hillary fez campanha principalmente em centros urbanos como Des Moines e Waterloo, Obama visitou áreas rurais, muitas delas em território solidamente republicano, tentando fisgar um delegado aqui, outro acolá. Fez anúncios de TV estrelados por Kirk Dillard, seu colega republicano dos tempos de Senado estadual, que lhe fazia elogios e louvava sua capacidade de trabalhar com os adversários. Isso foi importante, lembra John Kupper, pois pesquisas qualitativas conduzidas pela AKPD Media mostravam que mesmo os mais radicais entre os eleitores democratas reagiam bem a candidatos que conseguiam pôr de lado querelas partidárias menores para trabalhar na solução de grandes problemas, como o acesso insuficiente aos seguros de saúde e a guerra do Iraque.[4] Sua equipe submeteu centenas de voluntários a treinamento no Camp Obama, ensinando-os a visitar comunidades para contar a história do candidato, conversando com as pessoas sobre suas esperanças e seus medos. Estavam, observou Marshall Ganz, usando o poder da narrativa para familiarizar os eleitores com Obama e fazê-los sentir-se como se tivessem um interesse pessoal em seu sucesso.[5]

Para o repórter Yepsen, a campanha de Obama foi uma revelação. "Tenho coberto essas campanhas do *caucus* desde os tempos de Jimmy Carter. Em geral você vence a disputa se conseguir falar com mais pessoas do que seus adversários e mobilizá-las. É uma coisa bem simples e direta. O que Obama fez em alguns lugares, vendo que não tinha votos suficientes para vencer, foi arranjar votos para garantir que Hillary Clinton chegasse em terceiro. Àquela altura da corrida, era importante para todos os demais candidatos detê-la. Se ela tivesse vencido em Iowa, provavelmente teria comandado o show até o fim. Teria sido como John Kerry em 2004. Se você vence em Iowa, acaba chegando lá."

Na noite da votação, os membros da equipe de Obama, ligados em tecnologia, monitoraram cada local, comunicando-se regularmente entre eles com seus BlackBerrys. À medida que os votos eram calculados, sempre que o senador de Illinois assegurava superioridade numérica em algum lugar, dando ao candidato os delegados necessários, o comando da campanha instruía sua sobra de eleitores a votar em John Edwards, que estava fazendo uma forte campanha de inclinação populista em Iowa, de modo a derrubar Hillary mais um degrau. "Aquela", observa Yepsen, "foi a estratégia mais sofisticada que já vi ser usada. Não só conseguir os votos necessários para vencer, mas além disso ditar as colocações dos adversários abaixo de você."

No dia da votação, Obama jogou basquete com um grupo de amigos próximos. Na hora, foi só uma forma de quebrar a tensão. Mais tarde, depois que venceu a disputa com 37,6% dos votos e decidiu liberar eleitores para que Edwards derrubasse Hillary para o terceiro lugar,[6] o jogo de basquete virou uma tradição, para dar sorte. Dali em diante, todos os dias de votação importante se tornariam dias de bater bola.

Aquela noite, discursando para uma multidão de partidários eufóricos, muitos deles chorando de felicidade, no complexo de convenções de Des Moines, Obama parecia flutuar num grande colchão de confiança. "Este foi o momento em que o improvável venceu o que Washington sempre disse ser inevitável. Foi o momento em que derrubamos as barreiras que nos têm separado por tempo demais — quando juntamos pessoas de todos os partidos e idades em torno de uma causa comum; quando finalmente demos aos americanos que nunca participaram da política uma razão para se erguer e fazê-lo. Este foi o momento em que finalmente derrotamos a política do medo, da dúvida, do cinismo, a política em que derrubamos uns aos outros em vez de levantar o país. Este foi o momento."

E então, como faria tantas vezes durante a campanha, Obama tratou de garantir o monopólio do otimismo. "No futuro, vocês se lembrarão do dia de hoje e dirão que este foi o momento — e o lugar — em que os Estados Unidos se lembraram do que significa ter esperança."

Repita algo um número suficiente de vezes, com bastante fervor, e suas palavras se tornarão a própria sabedoria revelada. Se havia alguma dúvida antes da votação de 3 de janeiro, depois dela não sobrou nenhuma: Obama era o candidato democrata mais bem-posicionado para explorar a ânsia sentida pelo país não só por uma mudança de liderança, mas por uma transformação mais profunda na cultura política.

Capítulo 9
O inspirador

Em 1990, Obama escreveu um ensaio para uma coletânea chamada *After Alinsky*, organizada por Peg Knoepfle. Nela, alertava as comunidades a não procurar salvação na figura de grandes líderes. "Uma organização viável só pode ser alcançada", escreveu o estudante de direito de 29 anos, "se uma base ampla de líderes locais — e não um ou dois líderes carismáticos — conseguir entretecer os diversos interesses de suas instituições."[1] No entanto, embora jamais o tenha admitido com todas as letras naquele tempo, mesmo ali, Obama já devia conhecer seu poder incomum de conquistar o público. Pessoas demais já o haviam ouvido discursar e dito que ele estava destinado à glória mesmo que ele não estivesse ciente disso.

Segundo Bettylu Saltzman, levantadora de fundos e personagem importante do Partido Democrata em Chicago, seu primeiro encontro com Obama fez dela uma fã tão histérica quanto uma adolescente num show de Sinatra dos anos 1940. Era 1992, quando Saltzman trabalhava para a equipe de Bill Clinton na cidade. Obama veio conversar com ela sobre sua campanha de registro de eleitores no Projeto Voto. Transpirava confiança e charme, era claramente muito inteligente e, ao mesmo tempo, sabia ouvir as pessoas como ninguém que ela jamais conhecera. Ela soube, desde o primeiro momento, que ele seria presidente.[2] Disse isso a seu marido. E — o que foi mais importante para Obama — disse-o também a seu amigo David Axelrod. "Ligue para Obama", aconselhou ela em uma de suas conversas habituais no início da manhã, em que batiam papo sobre basquete e política. "Esse homem vai ser presidente um dia." Axelrod respondeu que ela certamente estava exagerando, mas concordou em dar um telefonema. Não demorou para que ele ficasse tão impressionado quanto Saltzman.

Mais tarde, Saltzman e Obama voltaram a se esbarrar na loja da Whole Foods da vizinhança, além de comparecerem aos mesmos encontros políticos e festas. Saltzman começou a convidá-lo para todo e qualquer evento em que pudesse apresentá-lo a personalidades politicamente influentes de Chicago. Os Obama sentaram-se à mesa de Saltzman num jantar de gala em sua homenagem, com renda destinada a pacientes de

Alzheimer, e num evento do New Israel Fund. Ela se tornou, para Obama, uma espécie de patronesse, apresentando-o ao poderoso grupo Ladies Who Lunch — clube de 19 mulheres ricas e liberais de Chicago, entre elas a filha de Hugh Hefner, Christie, que exerceu papel fundamental na construção de mais de uma carreira política em Chicago — e a outros herdeiros do *establishment* político e financeiro local. "Sempre senti que, se havia alguma oportunidade de levá-lo a algum lugar onde ele pudesse conhecer mais pessoas, então eu tinha que tentar fazer isso", recorda ela. "Eu via sua capacidade política. Eu achava que ele era um dos... bem, acho que eu o julgava um dos políticos mais inteligentes que jamais vira, e também um dos seres humanos mais inteligentes — tudo aquilo que todos nós vimos na campanha. Eu vi o germe disso. Sua capacidade de atrair as pessoas, de conversar com elas uma por uma, olhar nos olhos." Havia alguma coisa naquele jovem, algo que era difícil de definir. Ele tinha simplesmente uma *presença*, uma certa consciência da própria estatura. Quando as pessoas se aproximavam de Saltzman e do jovem que a acompanhava, ela introduzia seu acompanhante como "nosso futuro presidente". *E como ele reagia a isso?* "Não repelia. Não dizia: 'Ah, não.' Dava um sorriso."

Quando o Partido Democrata de Evanston, Illinois, organizou uma assembleia no final de 2003, na qual todos os aspirantes democratas ao Senado federal deviam expor seu caso e buscar o apoio daquela seção, Obama começou a noite como apenas mais um numa turma de políticos talentosos e bem relacionados. Como as regras do partido diziam que a seção municipal não poderia endossar nenhum candidato específico, a menos que maciços 80% dos presentes se manifestassem a seu favor, parecia muito provável que a noite terminasse indefinida. Mas Obama falou por alguns minutos e, segundo seu parceiro de golfe Whitman Soule, "simplesmente arrasou com todo mundo".[3] Acabou conquistando o apoio de mais de 90% das pessoas que lá estavam, levando o endosso. Quando seu colega de escritório de advocacia Bill Micili abriu sua casa para um jantar de levantamento de fundos para Obama, pouco tempo depois, os rumores já estavam circulando: ali estava um tipo diferente de político. A casa de Micili acabou lotada de pessoas que queriam ver um homem que elas acreditavam capaz de ser presidente um dia.

Ídolo de matinê com uma missão

Obama sabe que exerce um peculiar efeito de empoderamento sobre as pessoas e, como John Kennedy no início dos anos 1960, canaliza essa energia para fortalecer sua posição política, usando todos os meios disponíveis para espalhar sua mensagem e criar conexões com seus públicos.

Kennedy usou a televisão de forma implacável durante seus debates presidenciais com Richard Nixon. Os que ouviram os debates no rádio tendiam a julgar Nixon vencedor. Mas os que viram os dois se digladiando na TV — Nixon com sua famosa barba por fazer, suando sob os refletores quentes, com sua linguagem corporal desajeitada, seu rosto que era um feixe de nervos, e Kennedy a seu lado, com dentes perfeitos brilhando em perfeitos sorrisos, corpo relaxado — julgaram maciçamente vencedor o senador de Massachusetts. Infelizmente para o republicano, a televisão era o meio de comunicação da moda, e a presença de JFK dominou todas as telinhas.

Em 2008, a equipe de campanha de Obama fez questão de que seus eleitores o vissem não apenas na TV, mas na internet. Sua imagem estava por todo lado no YouTube. Os discursos de Obama tornavam-se virais minutos após serem proferidos. Seus simpatizantes se agrupavam em comunidades no Facebook. Até sua escolha do candidato a vice-presidente foi transformada num drama *high-tech*. Anunciaram que, se fosse fornecido à equipe de campanha o número de seu celular, a pessoa receberia uma mensagem de texto com o anúncio do nome no instante exato em que ele fosse feito. Multidões informaram seus números, que foram jogados em um vasto arquivo e usados mais tarde no trabalho de arrecadar doações de última hora, voluntários para campanhas de fundos por telefone e fiscais de urna.

Em parte, tratava-se de um esquema tecnológico projetado simplesmente para expandir as reservas de mão de obra potencial para a campanha. Em parte, porém, era um esforço consciente de fazer essa mão de obra se sentir empoderada, levando-a a agir de forma inovadora na difusão da mensagem de mudança do candidato. "De importância crucial para que mudanças de longo prazo pudessem ser deflagradas pela campanha, as ações cívicas encontraram expressão no trabalho de campo", escreveu Harry Boyte mais tarde, num relatório para a Fundação Kettering.[4] "O trabalho de campo incorporou tecnologias avançadas, do Facebook às mensagens de texto." Mas, prosseguiu Boyte, o ingrediente secreto mais importante foi o empoderamento. "Todo mundo tem uma história, todo mundo é único, e todo mundo tem o potencial dinâmico de ser um agente criativo."

No intrincado mundo do movimento comunitário, indivíduos e grupos se dividem em muitas categorias. Há os organizadores à moda de Alinsky, que valorizam o confronto. Há os mobilizadores, pessoas que preferem liderar uma pequena célula de apóstolos disciplinados da mudança a construir movimentos amplos. E assim por diante. Os organizadores comunitários podem ser, e frequentemente são, membros de mais de uma categoria ao mesmo tempo. As fronteiras quase sempre fluidas entre elas costumam ser de difícil distinção para quem está de fora. No entanto, para quem passa a vida fazendo esse trabalho, são importantes. Uma dessas categorias é conhecida como organização de base ampla. Combina o trabalho de base com um apetite por debates e soluções intelectuais. Era essa abordagem mais cerebral e estudiosa que muitos dos mentores de Obama nos anos 1980 abraçavam. Tratava-se, segundo pessoas como John McKnight, de uma herdeira legítima do Populismo Democrata, o conjunto de ideais que impulsionou o movimento dos fazendeiros nos séculos XVIII e XIX, os movimentos dos trabalhadores nos anos 1930 e o movimento dos direitos civis de Martin Luther King. Quando King falava de uma "bem-amada comunidade", visualizava um grupo de pessoas unidas não apenas por interesses materiais mas, o que era igualmente importante, por valores e ideias.

A famosa ativista dos direitos civis Ella Baker, uma soberba praticante da organização de base ampla, escreveu que parte do trabalho de um bom organizador comunitário era coibir os piores impulsos das pessoas e encorajá-las a expressar seu melhor lado. Obama é incrivelmente bom em formular essa ideia. Na feira de livros Book Expo America 2006, em Washington, participando de uma mesa-redonda ao lado do romancista John Updike, ele disse à plateia que "nós todos temos interesses em comum com os outros; meu sucesso está ligado diretamente ao sucesso do meu vizinho... estamos unidos por um destino comum. E, de vez em quando, isso se expressa em nosso governo, em nossa vida coletiva. Foi isso que me impeliu a entrar na política".[5] *Trabalhem juntos, deixem as diferenças de lado, canalizem sua energia coletiva, e o céu será o limite.*

Um dia, quando Obama participava de uma viagem de senadores a Israel, seu amigo de Harvard Hill Harper lhe telefonou para lembrá-lo de uma promessa literária que ele havia feito. Obama tinha concordado em escrever um pequeno texto para o livro de Harper, um tratado motivacional para jovens negros. Ainda que Obama e outros colaboradores ainda não tivessem entregado sua parte, os editores de Harper cobravam-lhe a entrega do manuscrito na manhã seguinte. Harper explicou seu dilema, e Obama ficou acordado até tarde para escrever o texto, que enviou por e-mail para o amigo. "A vida é o que você faz dela", escreveu o senador. "Os que realizam coisas não perdem tempo sentindo pena de si mesmos. Não gastam tempo pensando como a vida é injusta. Não culpam outras pessoas por seus problemas e não usam a raça, a pobreza ou as dificuldades como uma desculpa para o fracasso."[6]

Obama estabelece padrões e metas elevadas — fala de um "projeto de renovação americana"[7] — e, em massa, as pessoas parecem querer ficar à altura da expectativa que ele tem delas. Não é só que ele seja um jogador habilidoso: quase por qualquer definição que se utilize, todo político de sucesso é de alguma forma habilidoso. Bill Clinton, por exemplo, era um mestre na arte de fazer as pessoas acharem que as compreendia. "Eu *sinto* a sua dor" ficará, provavelmente, como uma de suas frases mais duradouras. Mas pelo menos em parte havia uma carência por trás disso: Clinton queria desesperadamente ser querido. Tratava-se, sob muitos aspectos, de uma preocupação preponderante nele. Parte do que torna Obama único é o fato de, pairando acima da sensação de eficiência e competência que transmite, ele inspirar o público a não apenas gostar dele, mas a *confiar* nele. Parte de seu apelo é que as plateias querem sentir por ele, entendê-lo, quase tanto quanto ele sente por elas. As pessoas ouvem Obama falar e *querem* acreditar naquilo. Veem-no não só como um político, mas quase como um membro da família, um filho talentoso enviado ao vasto mundo para honrar sua comunidade. A glória dele se reflete nelas.

Nesse sentido, Obama se parece com Muhammad Ali. Sim, Ali era presunçoso e arrogante de um modo que Obama não é, mas ambos compartilham uma rara capacidade de mesmerizar o público. "De repente eu me dou conta do óbvio", escreveu Davis Miller eu seu livro *The Tao of Muhammad Ali*, de 1996.[8] "Que eu estou me comportando como um fã adolescente outra vez. E que Muhammad Ali talvez não tenha perdido seu maior talento — a capacidade de conduzir as pessoas para além de pensamentos e palavras a um mundo lúdico. Estar perto de Ali, ou vê-lo em ação na TV, sempre fez com que eu me sentisse genuinamente infantil. Hoje, não estou nem um pouco preocupado com meus próprios problemas. Olha para sua família: estão todos radiantes. Ali ainda toca suas cordas também."

"Eu gostava dele do mesmo modo que gostava de minhas crianças", lembra-se, emocionada, Loretta Augustine-Herron, uma das mais próximas amigas de Obama em seus tempos de movimento comunitário, em meados dos anos 1980. "Eu queria protegê-lo. Simplesmente queria ter certeza de que tudo estava bem. Sabia que ele estava distante de sua família. Ele sempre foi uma pessoa tão boa, tão carinhosa, gostava realmente das pessoas. Eu via o duro que ele dava, e que muito desse trabalho era feito por nós. E não pagávamos grande coisa. Ele começou ganhando dez mil dólares, mais um bônus de três mil para comprar um carro. Trabalhava todos os dias, e trabalhava duro, muitas horas todos os dias. Isso é algo que só acontece uma vez: alguém entrar na sua vida e se preocupar de verdade com o que vai ser dela. Eu me sentia muito protetora, muito maternal em relação a ele. Fiquei contente quando ele se casou. Ele tinha uma esposa. Ia ser feliz." Para Herron, os encontros com Obama tiveram caráter transformador. "Às vezes", especula ela, "eu não sei se ele realmente compreendia o quanto eu era agradecida pelas coisas que me ensinou. Mas eu era. Foi algo que realmente aumentou minha qualidade de vida, me permitiu ajudar os outros a realizar todo o seu potencial e entender que todos tinham valor. É incrível o que uma pessoa pode fazer por você, se você estiver disposto a aprender e ouvir. Ele tinha um jeito tão gentil de falar e manter você focado naquilo que, como grupo, nós precisávamos fazer... Um modo tão gentil de cutucar você na direção que queria que você tomasse."[9] Sua melhor amiga, Yvonne Lloyd, que se lembrava das histórias de escravidão contadas por sua bisavó, concorda. Vendo membros do Partido Republicano zombar de Obama por ser "apenas" um organizador comunitário, ficava boquiaberta de espanto. "Eles não entendem o impacto que isso teve na vida das pessoas daquela área. Pode não parecer nada de mais para os outros, mas ele fez muito por nosso crescimento. E depois que ele foi embora, com o treinamento que havíamos adquirido, seguimos em frente. Continuamos envolvidas, fazendo coisas. Isso foi muito importante para nossa comunidade. Sim, ele é especial. Fico contente que tenha entrado na minha vida, porque fez uma tremenda diferença."[10]

Agora, com seu amigo transformado em presidente dos Estados Unidos da América, Loretta Herron gostaria de lhe fazer uma única pergunta: "Qual é a *sensação*?" Ela sentiu um enorme orgulho, um senso comunitário de tomar parte em sua assombrosa realização. "Basicamente, eu sei que ele fará um bom trabalho. Sei que será um presidente do povo. Alguém me perguntou se ele acha que deve alguma coisa aos negros. Eu não creio. Qualquer dívida que ele pudesse ter conosco foi totalmente zerada quando ele chegou ao Salão Oval. Uma vez presidente, acabou com todos os mitos sobre quão longe podemos chegar e quem podemos ser. Podemos ser qualquer coisa que quisermos. Ele fez isso por nós. É algo que não tem preço. Agora seu trabalho é ser o presidente de todo o povo e devolver o país a seu lugar apropriado no mundo, merecendo o respeito de outros povos. E eu acho que ele fará isso."

Propriedade do mundo

Durante a campanha de Obama, voluntários foram treinados para contar histórias, as suas e a do candidato. O Camp Obama de Marshall Ganz despejou, nas ruas de cidades e vilarejos de todo o país, milhares de jovens de ambos os sexos, com uma mensagem cuidadosamente projetada para despertar sentimentos de esperança e empoderamento. Eles foram ensinados a explicar como construir uma comunidade e a ouvir quando as pessoas comuns lhes falavam de suas esperanças e temores.

No Dia de Martin Luther King, um dia antes de tomar posse como presidente, Barack Obama voltou às suas raízes de organizador comunitário. De jeans e camiseta, arrastando uma horda de câmeras, dirigiu-se a um abrigo de adolescentes abandonados numa área pobre e dilapidada de Washington. Lá, o homem que em poucas horas seria a pessoa mais poderosa do mundo arregaçou as mangas e se pôs a trabalhar, pintando as paredes do abrigo dos sem-teto. Por todo o país, aquela manhã, em resposta aos apelos de Obama por um dia nacional de serviço voluntário, as pessoas compareceram a instituições locais de caridade para doar seu tempo e sua energia.

"Eis o princípio vital do planejamento democrático", escreveu Saul Alinsky em *Reveille for Radicals*[11] [Chamamento aos radicais]. "Um despertar em todo o povo de um sentido de propósito moral comum. Não uma meta, mas uma direção."

As pessoas atenderam ao chamado de Obama não por terem sido coagidas, mas porque se sentiram empoderadas. A nova liderança do país era para elas motivo de orgulho.

Pesquisas de opinião feitas no início da presidência de Obama mostraram um público encantado com seu novo líder — uma enquete do *New York Times* na semana da posse registrou uma taxa de aprovação bem acima de 60%[12] — e disposto a lhe conceder um prazo de anos para recuperar a combalida economia do país. Se uma sólida maioria sentia, nos últimos anos da administração Bush, que o país estava seguindo na direção errada, uma maioria igualmente sólida acreditava, no início de 2009, que Obama teria a capacidade de pôr os Estados Unidos novamente de pé.

Naturalmente, grandes expectativas podem gerar grandes decepções. O sociólogo Troy Duster, da Universidade de Nova York, acha cabíveis as comparações entre a eleição de Obama e a de Nelson Mandela na África do Sul. Quando Mandela chegou ao poder, em 1994, após meio século de apartheid, uma onda de euforia varreu o país. *Tudo era possível* — era a sensação dominante. A realidade, porém, foi mais complicada. O apartheid havia criado desigualdades profundamente enraizadas. Os brancos haviam frequentado escolas melhores, acumulado mais capital, tinham mais experiência na administração de empresas e assim por diante. Passada a euforia, as desigualdades permaneceram. E, em poucos anos, uma forte maré de desilusão tomou grande parte da vida sul-africana, traduzindo-se em uma disparada nas taxas de criminalidade e em um renovado cinismo sobre o poder do governo para fazer o bem. "Esperança, aspiração, desejo são uma coisa. Mas isso tem um preço. A ilusão e a desilusão são relacionadas", explica Duster.[13] No caso de Obama, o que está em jogo é ainda maior, porque as expectativas são globais.

Os norte-americanos esperaram milagres de Obama: depois de ver um país após o outro passar por suas revoluções de veludo ou cetim nos anos após a queda do Muro de Berlim, em 1989, os Estados Unidos podiam agora dizer de forma convincente que tinham feito sua própria — e catártica — troca de guarda. Mas não apenas seus compatriotas depositavam grandes esperanças em Obama. Sentiam o mesmo as centenas de milhares de alemães que se reuniram no Tiergarten, em Berlim, para ouvi-lo falar em julho de 2008; sentiam o mesmo as grandes multidões que ele atraiu em sua visita ao Quênia e à África do Sul, numa delegação do Congresso em 2006. E os milhões em todo o mundo que festejaram coletivamente a vitória do senador de Illinois. Obama havia se tornado simplesmente uma propriedade do mundo. E ao fazer isso, alerta Duster, o potencial de desilusão se tornou, de certa forma, muito maior.

O modo como Obama se moverá no campo minado da devastação econômica e do ressentimento internacional que lhe foi legado por seu predecessor determinará sua capacidade de se manter como uma figura inspiradora ao longo de sua presidência. O carisma, diz Duster, implica dois fatores: o poder da personalidade, que Obama obviamente tem em abundância, e o relacionamento com o público. Dito de outro modo, o tango se dança a dois: um político pode ser tão habilidoso e articulado quanto puder, mas se os que o ouvem e veem não estiverem dispostos a se deixar seduzir, sua mensagem cairá no vazio. "Se o público não responder", explica Duster, "não há carisma".

Em seus primeiros meses no cargo, porém, Obama parecia estar conservando amplamente seu apelo. Suas taxas de aprovação mantinham-se elevadas e, embora o público estivesse nervoso com o estado da economia, sua agenda de mudanças mais ampla gozava de forte apoio. "Todo mundo consegue ver um pouquinho de si mesmo em Barack", acredita John Kupper, sócio de David Axelrod, "em suas aspirações e em suas conquistas".

Estudo de caso: A volta da Equipe de Rivais

No dia 1º de dezembro de 2008, Barack Obama subiu ao palanque em Chicago. Atrás dele havia um pesado cortinado azul e uma fileira de bandeiras americanas. O presidente eleito vestia as cores do pavilhão nacional: terno azul-marinho, camisa branca, gravata com listras vermelhas. À sua esquerda estava o vice-presidente eleito, Joe Biden. À direita, sua antiga rival na campanha das eleições primárias, Hillary Rodham Clinton.

A senadora Clinton era, disse Obama aos batalhões de repórteres ali reunidos, sua escolha para secretária de Estado.

Foi uma jogada ousada. O quinto mais jovem presidente norte-americano estava se cercando de ex-inimigos políticos que podiam muito bem alegar ter mais experiência política do que ele. Biden tinha se oferecido no início da disputa como candidato à indicação do Partido Democrata — papel que cobiçava desde 1988. O senador de Delaware passara anos na comissão de Relações Internacionais do Senado e se orgulhava de sua experiência em questões internacionais e de segurança nacional. Durante a campanha das primárias, havia criticado Obama, quase sem nenhum efeito, por sua falta de experiência em política internacional. A primeira opção de Obama para a Secretaria de Comércio tinha sido o governador do Novo México Bill Richardson, outro presidenciável que havia chegado às primárias com a vantagem de um currículo extraordinário — ao longo de sua carreira fora governador, congressista, secretário de Energia e enviado especial à Coreia do Norte —, mas não tivera sucesso em se comunicar com os eleitores nas primárias. Obama também estava conversando com o governador de Iowa, Tom Vilsack, sobre a possibilidade de nomeá-lo secretário da Agricultura. Era uma mudança e tanto na sorte de Vilsack, que, na campanha das primárias, tinha assumido o papel de uma espécie de cão de guarda de Hillary Clinton (pessoas que trabalhavam com Vilsack recordam que uma vez Hillary lhe disse que ele lhe lembrava seu marido, só que sem os defeitos). O presidente eleito queria ainda que Robert Gates permanecesse como secretário de Defesa, apesar do fato de que, na gestão Bush, ele havia ajudado a comandar a guerra do Iraque, uma aventura militar a que Obama se opunha ferrenhamente.

Agora Barack Obama tomava sua decisão pessoal mais corajosa: nomear Hillary Clinton — cuja campanha fora responsável pela famosa propaganda do "telefonema às três da manhã", pondo em dúvida a competência de Obama para reagir a situações de emergência e questionando sua fibra para ser presidente — como a mais importante diplomata da nação.

Era evidente que não fazia isso por afeição aos Clinton, que tinham, afinal de contas, sido apenas espinhos em seu caminho desde a votação em Iowa até a convenção democrata, com Bill dizendo pejorativamente que sua ascensão era um "conto de fadas" e Hillary negociando um lugar sob os holofotes em Denver que, nos dois primeiros dias do evento, ofuscou o próprio Obama. No entanto, embora pudesse não gostar do ex-presidente e de sua mulher no plano pessoal, ele claramente respeitava o poder político e o intelecto da senadora de Nova York. Não a queria necessariamente como vice-presidente — em grande medida porque seu marido teria sido parte do pacote, trazendo um ego de comandante-em-chefe e fortes instintos políticos diretamente para o sagrado coração da Casa Branca —, mas queria tê-la a bordo num papel de destaque em sua jovem administração.

Aquela indicação demonstrava tanto uma notável autoconfiança — nomear para um dos cargos mais importantes do governo uma mulher que, a certa altura, claramente desconfiara dele, não gostava dele, via-o como um oportunista — quanto uma compreensão de que costuma ser melhor silenciar os críticos e sua base de apoio cooptando-os do que deixá-los como franco-atiradores do lado de fora do campo.

A esta altura, as comparações com a Equipe de Rivais de Lincoln já foram tão repisadas que praticamente viraram senso comum. Isso posto, vale a pena revisitá-las. Depois de vencer a eleição de 1860, Lincoln — um relativo neófito que havia derrotado três personagens muito mais experientes do Partido Republicano para assegurar sua indicação — envolveu seus rivais numa espécie de governo de unidade nacional num momento em que o país estava rachando com a secessão sulista. William Seward virou secretário de Estado, Salmon Chase foi indicado para a Secretaria do Tesouro e Edward Bates tornou-se procurador-geral. Não satisfeito em estender a mão a inimigos de dentro de seu próprio partido, Lincoln também incluiu em seu gabinete ex-democratas que se opunham ao caminho que estava sendo tomado pelo Sul.

O êxito de Lincoln em manter coesa uma administração tão potencialmente fragmentária, escreveu o historiador Doris Kearns Goodwin no livro *Team of Rivals* [Equipe de rivais], "sugere que nas mãos de um político realmente maior as qualidades que geralmente associamos com a decência e a moralidade — gentileza, sensibilidade, compaixão, honestidade e empatia — podem ser também recursos políticos impressionantes".[1] Ao longo de quatro anos de guerra civil, enquanto a União se equilibrava na beira de um abismo, Lincoln manteve, nas palavras de Goodwin, "o controle do gabinete mais estranho da história do país".[2]

Em fins de 2008 e início de 2009, o presidente Obama estava tentando realizar um truque semelhante, reunindo uma equipe de primeira linha para tirar o país de uma profunda crise nacional e internacional. Seus integrantes não compartilhavam a mesma perspectiva política; certamente nem todos concordavam com o presidente em todas as questões. Mas, como Lincoln antes dele, Obama acreditava que os membros de sua administração conseguiriam trabalhar juntos de modo eficaz para enfrentar os desafios postos diante do país. Como disse Goodwin à Rádio Pública de Nebraska no bicentenário do nascimento de Lincoln, não havia "nada errado em tê-lo como mentor" ao subir ao palco do mundo.[3]

Como Lincoln e também Franklin Roosevelt, Obama favoreceu uma divisão de tarefas feita de tal modo que mais de um funcionário importante da administração sempre estivesse trabalhando sobre as mesmas questões significativas de política pública a qualquer momento. No caso de Lincoln, ele chegava a estimular uma competição aberta sobre políticas de Estado; Roosevelt era mais sutil ou, para usar uma expressão menos delicada, mais dissimulado, muitas vezes sonegando aos membros de seu gabinete a informação de que havia confiado o mesmo problema a dois indivíduos ou duas equipes diferentes.

Obama começou a desenvolver sistemas de dois níveis para tomar decisões. Além de seus secretários de gabinete, nomeou uma série de "czares" da política pública encarregados de coordenar um leque de propostas — desde como lidar com a mudança climática e criar empregos ambientalmente corretos até o modo de combater a pobreza, os problemas urbanos e de moradia e a crescente crise de saúde pública do país. (Ao mesmo tempo, resistiu à tentação de nomear um czar da indústria automotiva para lidar com os quase falidos fabricantes de automóveis, confiando, no fim das contas, num pequeno grupo de assessores qualificados para negociar com a Chrysler e a GM em seu declínio rumo à insolvência. E também recusou os apelos do artista Quincy Jones para criar um posto de "czar da cultura".)

Além dos czares de política pública interna, nomeou enviados especiais ao Afeganistão, ao Paquistão e ao Oriente Médio, dando-lhes o poder de atuar quase como minissecretários de Estado em suas respectivas regiões.

Os czares representavam uma espécie de reserva pessoal de cérebros, pessoas subordinadas diretamente ao presidente, sem grandes burocracias e gabinetes por trás delas. Não se sobrepunham aos membros do gabinete, mas operavam em algo como uma faixa paralela. Nem todo mundo gostou da estratégia. Para o senador de West Virginia Robert Byrd, um político já na casa dos noventa anos que forjou uma venerável reputação ao longo de décadas como defensor das prerrogativas do Congresso de fiscalizar o Executivo, o uso de czares representou uma ampliação grande demais dos poderes da Casa Branca. Mas, responderam os adeptos da ideia, os czares permitiriam um debate mais imediato de políticas públicas, e o modelo criaria cargos ocupados por pessoas que respondiam apenas ao presidente — um homem que dava todos os sinais de desejar de seus auxiliares uma vigorosa discussão de propostas políticas, em vez de um coro de recomendações gastas feitas por pessoas comprometidas com a burocracia, que, por sua vez, estava comprometida com um Congresso ainda refém de interesses especiais. Tratava-se, argumentaram eles, de uma extensão lógica da prática que Obama havia desenvolvido como senador, ao sair dos limites da política tradicional para convidar escritores e estudiosos cujo trabalho lhe interessava para discutir suas ideias, ou solicitar ao pessoal do centro de pesquisa do Congresso que realizasse para ele cursos e seminários sobre questões das quais queria tomar pé com rapidez. Obama não estava em busca de uniformidade de opinião: queria, em vez disso, pontos de vista conflitantes. De certa forma, o recurso dos czares era uma volta ao processo improvisado de formulação de políticas públicas utilizado por Roosevelt quando desenvolvia as instituições que seriam os alicerces de seu New Deal.

Tais hábitos, por sua vez, foram adquiridos em seus tempos como organizador comunitário e coordenador de registro de eleitores. "Barack tinha que gerenciar uma equipe de organizadores e, ao mesmo tempo, unir uma vasta gama de organizações comunitárias, muitas das quais andavam às turras umas com as outras; uni-las num esforço comum. E conseguiu fazer isso de um modo que até hoje é o mais bem-sucedido projeto não partidário de registro de eleitores na história de Illinois", lembra Sanford Newman, financiador do Projeto Voto.[4] "Ele era rigoroso. Acreditava em prestação de contas e em resultados. Tinha uma maturidade incomum para lidar com problemas. E um discernimento extraordinário. Era surpreendentemente maduro. Negociava situações internas de organização política que eram potencialmente traiçoeiras e divisivas de modo a unir todos em torno da mesma causa. Isso exigia um bocado de discernimento sobre com lidar com as pessoas." Numa sala cheia de homens e mulheres, Obama fazia questão de ouvir a opinião de todos. De certo modo, era como se ainda fosse um professor universitário tentando fazer os garotos tímidos da turma saírem de suas conchas. Tratava-se, disse John Kupper, de uma característica "bastante rara" num político da estatura de Obama. Essas figuras, na experiência do consultor de mídia, estavam "acostumadas a terem o palco para si e se ouvirem falar."[5]

Richard Donohue, auxiliar do presidente Kennedy, comparou a "reserva de cérebros" de Obama à lendária administração Camelot de seu ex-chefe — a não ser, acreditava ele, pelo fato de que a equipe de Obama é mais talentosa, e ele próprio um anteparo melhor para seus grandes egos. JFK tinha uma língua ferina e não tinha medo de usá-la para desautorizar ou intimidar pessoas com as quais discordava. Obama, pelo contrário, nunca usa o humor para diminuir seus oponentes. Kennedy, um filho da classe privilegiada, era capaz de ser extremamente cruel com as pessoas que desprezava, como o general Curtis LeMay, dispensando-as de reuniões e depois desqualificando-as sem pena diante dos colegas que haviam permanecido. Obama sempre teve o cuidado de mostrar respeito mesmo por aqueles de quem discorda. Pode atacar suas ideias com agressividade, mas jamais os ataca como indivíduos.[6]

Desde o primeiro momento, Obama deixou claro que não gosta de quem diz sim a tudo, preferindo assessores que o obriguem a refletir mais detalhadamente sobre suas posturas. Em parte, trata-se de uma característica inata. Mas é também algo que foi aperfeiçoado em sua experiência na Universidade de Chicago, uma cultura acadêmica famosa por confrontos intelectuais pouco diplomáticos e um clima de debate irrestrito. Se observadores externos acham muitas vezes um tanto censurável essa cultura da universidade, seus defensores são intransigentes, dizendo que não se trata de discordar apenas por discordar, mas de forçar as pessoas cujas ideias as deixam na berlinda a avaliar meticulosamente — e depois reavaliar — suas posições. É uma forma de se manter intelectualmente saudável, de não deitar numa cama de louros. "Não importa quem você seja, você entra na sala e tem que justificar o tempo todo sua existência. Na Universidade de Chicago, a reação correta, mesmo à pergunta mais devastadora, não é o ressentimento, mas a gratidão", explica Geoff Stone, ex-colega de Obama. "É um lugar duro, exigente, em que não cabe a enrolação. Não tenho dúvida de que, para Obama, estar imerso naquele ambiente, como ele estava não só por dar aulas de direito, mas por ser um membro realmente visível e central da comunidade, teve um impacto dramático em sua forma de pensar, seu modo de montar um gabinete, sua ausência de angústia diante das divergências. E na disposição, ou mesmo no desejo, de trabalhar com pessoas que discordem umas das outras e dele mesmo."

Stone afirma que a Universidade de Chicago e a comunidade de Hyde Park ao seu redor criaram em Obama "uma capacidade de gerar discordâncias, de compreender e promover as discordâncias sem que elas jamais se tornem rudes", além da firme certeza de que as melhores ideias nascem, não da cortesia cerimoniosa entre colegas, mas do "conflito intelectual".[7]

Outros veem algo da Escola de Direito de Harvard no emergente estilo executivo de Obama. Detalhando as habilidades de Obama buriladas na escola, afirma Chris Edley que bons advogados aprendem a trabalhar com especialistas de áreas diversas, enquanto compilam testemunhos e constroem seus casos. Isso cria o hábito, diz Edley, de "realmente pensar como um supervisor, reconhecendo que você vai ter que recorrer a muitas fontes diferentes para desenvolver a melhor linha de argumentação ou a melhor análise do problema, em vez de imaginar que já sabe tudo".[8]

A equipe de rivais de Obama e, de forma mais geral, seu modo de montar em camadas uma estrutura de assessores e czares da política pública seriam assim, sob muitos aspectos, uma versão do grupo de especialistas usado pelos advogados de elite. Uma forma de maximizar o fluxo de ideias e abrir à força as portas de políticas públicas que frequentemente têm sido mantidas trancadas em Washington.

Capítulo 10
O líder

Ao longo de toda a sua carreira, estar na presença do poder nunca intimidou Obama. Como um jovem organizador comunitário, encontrava-se com funcionários da prefeitura sem qualquer sensação de que houvesse um desequilíbrio entre ele e as pessoas com que conversava. Quando ainda era estudante de direito, tratava diretores de escola de Harvard como iguais. Advogado recém-formado, engajava-se em discussões vigorosas com presidentes de fundações multibilionárias. Obama nunca se acovardou em ambiente algum. No entanto, não é um cabeça-dura. Ouve pelo menos tanto quanto fala e, nas raras ocasiões em que exagerou na exibição de sua esperteza — nos primeiros encontros com outros membros do conselho da Fundação Joyce, por exemplo —, interpretou corretamente o desconforto de seus colegas e mudou seu comportamento de acordo com a situação. Durante o que só pode ser chamado de carreira meteórica, não se deixou infectar por aquilo que o senador Bill Haine batizou de "atitude da Câmara dos Lordes",[1] a sensação de superioridade que tantos políticos parecem adquirir à medida que suas carreiras progridem. Na verdade, diz um de seus conselheiros e amigos próximos, enquanto algumas pessoas adquirem uma atitude "imperial" ao longo do caminho rumo ao poder supremo, Obama foi "ficando mais humilde à medida que os anos passaram", tornando-se, na opinião desse amigo, "mais pé no chão, mais à vontade com as pessoas, um melhor ouvinte".

Se, numa democracia aberta como os Estados Unidos, uma liderança efetiva depende em grande parte de comunicação, Obama tem a personalidade perfeita para um líder. Dispõe da autoconfiança necessária para se inserir em qualquer situação e, ao mesmo tempo, ouve os outros e aprende com eles. Sabe como apresentar suas ideias de forma a trazer as pessoas para o seu lado, em vez de espantá-las para longe, maximizando, assim, o tamanho das coalizões que consegue construir em torno de questões que lhe sejam caras. "Definitivamente, isso é uma habilidade de liderança e uma capacidade de fazer duas coisas ao mesmo tempo", diz um antigo observador da atuação de Obama no mundo das fundações de Chicago. "Uma é permitir às pessoas que pensam parecido e estão interessadas em resolver aqueles problemas a sensação de que existe realmente uma chance de mudar as coisas. A outra é deixar mais confortáveis as pessoas que se incomodam com a ideia de mudar." Ele levava estas últimas, comenta o observador, a "dar uma chance à mudança".

Nos primeiros dias de sua campanha presidencial, quando as casas de aposta ainda davam Hillary Clinton como imbatível, Obama pegou um avião para Los Angeles. Eric Garcetti, presidente do conselho municipal e chefe da campanha de Obama para o sul da Califórnia, havia convocado uma reunião com ativistas dos direitos de latino-americanos e imigrantes num tradicional restaurante mexicano situado na famosa Olvera Street. O senador de Illinois deparou-se com um muro de ceticismo: os Clinton gozavam de alto conceito entre os eleitores latino-americanos, e Obama era visto como uma incógnita. Após uma hora de discussões em torno das mesas do escuro café La Golondrina — durante a qual Obama não comeu nada —, ele havia conseguido convencê-los de que, nas palavras de Garcetti, "era autêntico".[2] Mais tarde, Obama caminhou pelas ruas de paralelepípedos de Old Town até a Union Station, em companhia de Maria-Elena Durazo, secretária executiva da Federação de Trabalhadores de Los Angeles, conversando com ela a dois. Logo em seguida, Durazo anunciou seu apoio a Obama e pediu uma licença no trabalho para fazer campanha por ele.

"Seus pontos fortes estão no nível inconsciente", concluiu Garcetti após ver o candidato em ação. "Não se trata do que é dito na superfície. Acho que as pessoas são tocadas por quem ele é. Ele não chega e diz: 'Deixe-me explicar para vocês como já trabalhei ao lado de latino-americanos no passado.' Explica apenas quem ele é, de modo muito relaxado e direto." Para Garcetti — um superdelegado da Convenção Democrata que havia sido cortejado pesadamente pela campanha de Hillary Clinton nas semanas anteriores a seu anúncio de que apoiaria o oponente —, se as habilidades oratórias de Obama são impressionantes, mais importante ainda são suas habilidades como ouvinte, sua capacidade de convencer as pessoas de que se importa com a opinião delas.

Essas habilidades haviam lhe rendido bons frutos ao longo da carreira. Em fins dos anos 1990, quando era senador estadual, Obama propôs uma lei que permitia identificar o comportamento racista de policiais em *blitzen* de trânsito, e trabalhou muito para ter colegas conservadores a seu lado. Quando propôs alterar as exigências legais de licenciamento de profissionais pelo estado, que excluíam ex-presidiários de uma vasta gama de empregos — inclusive alguns, como o de barbeiro, para os quais eles haviam recebido treinamento na cadeia —, fez a mesma coisa: longas reuniões com adversários e telefonemas para aflitos advogados de agências reguladoras. Aparou as arestas de seu projeto de lei, facilitando tanto quanto possível a adesão de parlamentares focados em segurança pública. Para surpresa dos reformadores da justiça criminal de Illinois, o projeto foi aprovado. Um deles afirmou que Obama atacou "questões que eram realmente envenenadas em algum nível, descobriu um jeito de fazer um projeto e foi em frente".

Bill Haine, que participou da comissão de justiça do Senado estadual ao lado de Obama, recorda que o liberal de Hyde Park conseguiu formar um consenso semelhante em torno de sua campanha para reformar a pena de morte e os procedimentos de interrogatório policial no estado, aprovando um projeto que tornava obrigatória a gravação de interrogatórios de suspeitos em vídeo. Haine, um democrata conservador e mais velho, que trabalhara como promotor em Madison County por 14 anos, ficou profundamente impressionado com a forma como Obama o procurou e a outros promotores, como o colega republicano Ed Petka, para pedir conselhos. "Ele não queima suas pontes. Volta frequentemente em busca de novas informações. Enxerga o processo como um resultado final e não como a simples imposição de sua vontade. Foi um legislador notável. Sempre procurou desenvolver os projetos de lei de tal modo que eles anulassem a maioria ou mesmo todas as objeções que seus adversários pudessem lhes fazer. Não se pode agradar todo mundo. Mas ele se esforçava muito para criar um projeto que, se seus oponentes não quisessem apoiar, pelo menos os deixaria neutros, o que é importante. Os senadores eficazes são afáveis, brilhantes e dispostos à conversa. Nunca se tornam truculentos nem levam a oposição para o lado pessoal. Estão dispostos a enxergar todos os lados de uma questão, mas nunca vão abandonar sua posição central. Existe nisso uma integridade pessoal."[3]

Obama, diz o consultor de mídia John Kupper, tem o "instinto" de dar a mão a qualquer oponente que estique a sua sobre a cerca. Se tem uma marca registrada, é a de, numa época em que um excesso de ideólogos só pensa em promover rasgos no tecido social, ser alguém dedicado à cura, que sabe como restaurar a tela puída dos Estados Unidos de hoje. Tem seus valores fundamentais, mas não ergue a voz para intimidar quem discorda deles. No Senado federal, trabalhou em conjunto com conservadores cascudos, como o senador de Oklahoma Tom Colburn, nas questões sobre as quais concordavam — uma lei para fazer o orçamento da União ser publicado online, por exemplo, de modo que os contribuintes pudessem ver como seu dinheiro estava sendo empregado — e ao mesmo tempo se opunha a eles nas questões em que suas políticas públicas tinham diferenças fundamentais. Em ambas as situações, porém, sempre fazia questão de se manter cortês.

Quando o presidente Bush convocou uma reunião de emergência na Casa Branca, no auge da crise financeira, juntando McCain, Obama e outras figuras importantes da política, os participantes recordam que Obama perguntou repetidas vezes a seu adversário republicano: "Qual é a sua posição, John?" Sob certo aspecto, viram naquilo um desafio de Obama, que assim forçava McCain a assumir posições sobre medidas controversas de resgate a instituições financeiras. Ao mesmo tempo, Obama, mais jovem e inexperiente, mas também o candidato mais intelectualmente ágil, fazia questão de buscar a unidade num momento de grave risco econômico. Mais tarde, como presidente recém-empossado e tentando fazer passar um pacote de incentivo de quase um trilhão de dólares pela oposição republicana no Congresso, Obama fez questão de conversar com Mark Zandi, importante conselheiro de McCain na área econômica. Zandi fora um dos poucos porta-vozes republicanos a emitir opiniões simpáticas sobre alguns pontos do gigantesco pacote, e Obama compreendeu o valor, em termos de publicidade, de tê-lo a bordo. Trabalhar com os adversários, argumenta Kupper, é "boa política. É o que os norte-americanos querem. O que os eleitores querem. Querem ver seus líderes tentando trabalhar juntos. Mesmo que você só arranje dois ou três votos [do partido de oposição] para o pacote de incentivo, pelo menos você se esforçou. Talvez isso abra o caminho para uma maior cooperação no futuro".

Quando metade do porco é tudo o que se pode ter

Essa crença de Obama nas virtudes da colaboração, na necessidade de conquistar o máximo de apoio para suas propostas, vinha de longe — de seus tempos de organizador comunitário na zona sul de Chicago. E a crença de que ele próprio era a pessoa mais indicada para conquistar tal apoio, que tinha nascido para estar no palco político, vinha de quase tão longe quanto isso.

Quando Obama voltou para Chicago, em 1991, com um diploma de direito de Harvard na mão, encontrou-se com seus antigos colegas do Projeto de Desenvolvimento Comunitário. John Owens, que tinha assumido o comando da organização três anos antes, lembra-se de Obama ter deixado claro que não queria mais ser visto como organizador. Estava, disse ao ex-colega, pronto para ser um líder: queria fazer discursos e botar seu nome e sua cara à vista de todos. Na opinião de Owens, não foi uma declaração arrogante, mas um comunicado pragmático sobre suas intenções.[4]

Obama tinha compreendido que brilhava sob os holofotes — na verdade, sempre tivera uma certa suspeita disso, pelo menos desde o dia em que pegara o touro à unha e fizera um discurso para um grupo de manifestantes anti-apartheid no Occidental College, no início dos anos 1980, deliciando-se com a empolgação que suas palavras provocavam na plateia — e queria construir para si uma carreira na política.

Saul Alinsky, o guru do movimento comunitário de Chicago, teria entendido: em seu livro mais famoso, *Rules for Radicals* [Regras para radicais], escreveu que, em vez de se queixar do tratamento brutal dispensado aos manifestantes antiguerra por soldados e policiais, os jovens deveriam "aprender uma lição. Vão para casa, organizem-se, fiquem poderosos e, na próxima convenção, serão vocês os delegados".[5] Organização comunitária e política não estavam condenadas à oposição perpétua; na verdade, eram dois lados da mesma moeda.

Em 1993, três grandes fundações — MacArthur, Joyce e Spencer — foram procuradas por dois ativistas da reforma educacional, Ann Hallett e Bill Ayers, já citado aqui por sua notória participação no Weather Underground. Poucos meses antes, o filantropo Walter Annenberg havia lançado um desafio às maiores cidades norte-americanas: se uma delas criasse um plano viável para recuperar suas escolas dilapidadas, ele investiria no programa a bagatela de cinquenta milhões de dólares... *caso* os próprios reformadores locais conseguissem arranjar outros cem milhões. Hallett e Ayers tinham formulado uma proposta e, para sua surpresa, recebido do escritório de Annenberg o comunicado de que os cinquenta milhões estavam à sua disposição. Agora, tudo o que precisavam fazer era levantar por sua própria conta os outros cem milhões. Como os dois reformadores educacionais não tinham a menor ideia de como conseguir tanto dinheiro, levaram o desafio para os cabeças das três fundações.

O nome de Barack Obama foi mencionado como possível presidente do conselho do Desafio Annenberg, que as fundações precisariam criar. Como disse alguém da Fundação Joyce, ele era um jovem e talentoso advogado de direitos civis da cidade. Patricia Graham, àquela altura professora de pedagogia em Harvard, além de encarregada da Fundação Spencer, lembrou-se de ter lido alguma coisa sobre Obama durante seu período à frente da *Harvard Law Review.* Decidiu ligar e convidá-lo para jantar, a fim de sondá-lo sobre o Desafio.[6] Encontraram-se para um jantar tardio no restaurante italiano Avanzare's, na Superior Street, e, depois de conversar até que o exausto pessoal do restaurante estivesse praticamente esfregando o chão a seus pés, Graham ofereceu o trabalho ao jovem advogado. Como um negro de talento fulgurante criado por mãe solteira, ele poderia se tornar, acreditava ela, "um símbolo poderoso para filhos de minorias nas escolas pobres de Chicago".

Uma vez no conselho, Obama superou as expectativas de Graham. Ele conversava com adolescentes em escolas combalidas de áreas pobres da cidade e deixava-os enfeitiçados. Igualmente importante era sua aptidão para contratar pessoas de talento: numa cidade conhecida por sua política de "toma lá dá cá", estava determinado a trabalhar apenas com homens e mulheres de caráter, pessoas que gastariam os 150 milhões de dólares que tinham à disposição em programas que funcionassem, em vez de privilegiar aqueles favorecidos por políticos clientelistas. Questionava minuciosamente os pesquisadores sobre a informação que eles lhe traziam, fruto de amplas análises feitas ao longo do tempo sobre reforma educacional, e insistia que explicassem a fundo as implicações de suas descobertas, muitas vezes enigmáticas, a ele e a seus colegas do conselho.

No entanto, embora compreendesse a necessidade de dominar os detalhes, não era, de modo geral, um gerenciador de miudezas. Ken Rolling, que também trabalhou no conselho do Desafio, diz que o quadro amplo seduzia-o muito mais. Preferia chegar a um entendimento sobre uma questão e, então, delegar a responsabilidade de implementar os detalhes a funcionários competentes. Era também, como Rolling veio a perceber, impaciente com a ideologia abstrata, preferindo as abordagens pragmáticas cujos resultados pudessem ser demonstrados às teorias genéricas da educação.

A mesma abordagem baseada em resultados continuou valendo em todos os estágios de sua carreira, qualquer que fosse o impasse político à sua frente. Conversando com Obama — observa John Trasvña, presidente do Mexican American Legal Defense and Education Fund (Maldef) —, você se vê diante de uma pessoa inteiramente desprovida de embustes intelectuais. Ele apenas, e literalmente, arregaça as mangas e se põe a trabalhar. Quando os dois se conheceram no gabinete um tanto escasso de Obama no Senado, em 2006, o executivo da Maldef, baseado em Los Angeles, teve a sensação de que não conversava com um político, mas com "alguém que diz: 'O.k., vamos deixar de fingimento. O que você está pensando? E o que vamos fazer juntos?' Sua experiência como organizador comunitário em Chicago ainda está realmente muito, muito viva nele".[7] Obama parecia abordar as questões a partir de um ponto de vista pessoal. Os imigrantes não eram para ele uma abstração, e os perigos de cruzar ilegalmente uma fronteira e depois viver nas sombras, sem documentos, não eram apenas pontos de discussão num debate de política pública.

O jovem senador tinha irritado alguns ativistas dos direitos de imigrantes latino-americanos ao votar a favor do Secure Fence Act de 2008, uma lei que canalizou dinheiro para um grande projeto de fechamento das fronteiras. Obama justificou o seu voto, parte de uma maioria de oitenta a 19, afirmando que, como não queria se colocar numa posição marginal em futuras discussões sobre imigração, estava evitando se afastar demais do centro do debate. Votar a favor do fechamento lhe permitiria, argumentou, propor reformas de imigração menos punitivas mais adiante; lhe permitiria apoiar o emprego de recursos para fomentar a economia do México e dos países da América Central, para que menos pessoas se sentissem compelidas a migrar para o norte e entrar ilegalmente nos Estados Unidos. Obama pediu à Maldef e a outros grupos de ativistas que lhe dessem um crédito de confiança — afinal, ele e Ted Kennedy tinham sido os únicos senadores a se juntar aos manifestantes pelos direitos dos imigrantes durante os gigantescos protestos de 1º de maio daquele ano. *Com certeza*, parecia sugerir, *aquilo lhe dava alguma credibilidade*.

O senador estava fazendo aquilo que fazia tão bem, misturando idealismo e pragmatismo. Votava a favor de uma blindagem — em grande parte simbólica — das fronteiras porque essa era a coisa pragmática a ser feita; e protestava contra o tratamento duro dispensado aos imigrantes porque essa era a resposta idealista a uma situação em que milhões de pessoas estavam se transformando em bodes expiatórios das mazelas de um país. Poucos meses mais tarde, depois que cidadãos mexicano-americanos em Orange County receberam pelo correio panfletos que os informavam erroneamente do risco de serem presos e deportados se tentassem votar nas próximas eleições, Obama patrocinou um projeto de lei com a intenção de envolver mais ativamente o Departamento de Justiça no combate à intimidação eleitoral. A medida não foi aprovada, mas a raiva acumulada por muitos ativistas desde o episódio do voto no Secure Fence Act dissipou-se em grande parte. Dois anos mais tarde, os democratas no Congresso se preparavam para enviar ao presidente Obama uma lei semelhante contra a intimidação, para que ele a promulgasse.

O ex-tutor de Obama em Harvard, Chris Edley, acredita que o presidente estava demonstrando uma combinação de pragmatismo de advogado com idealismo de organizador comunitário. Bons advogados, e por extensão líderes eficazes, segundo ele, sabem que suas opiniões não são as únicas que merecem ser ouvidas, sabem que no fim das contas a maioria das decisões envolve alguma parcela de negociação. "É difícil encontrar um bom advogado na vida pública que seja intransigente. Porque ser intransigente é incompatível com a moldura mental analítica de um bom advogado. Você tem que estar preparado para se sentar à mesa e negociar, reconhecendo que não é o dono da verdade", diz Edley. Naturalmente, há um lado negativo nisso: "Se você não dispõe de uma bússola moral, então tudo se resume à negociação, chegar a um acordo é só o que importa. Eu costumava criticar a gestão Clinton por sua abordagem 'vamos chegar a um acordo'. Isso exige cautela. O fato de você estar disposto a negociar não significa que tudo seja negociável. Você precisa ter as habilidades de um advogado, mas também tem de ter valores que definam sua liderança." E Edley intui que a bússola moral de seu aprendiz está em boas condições de funcionamento.

O ex-senador estadual Denny Jacobs, parceiro de pôquer de Obama em Springfield, considera-o um "realista renitente", alguém que nunca se deixa abater, levantando-se rapidamente, sacudindo a poeira e começando tudo de novo. "Ele sabe o que quer, tem ideais formidáveis sobre aonde quer chegar. Mas também acho que é realista o suficiente para entender que provavelmente não vai conseguir realizar tudo."[8] Tome-se como exemplo o pacote de incentivo de 787 bilhões de dólares que ele conseguiu aprovar no Congresso três semanas após assumir a presidência: continha mais cortes de impostos do que ele queria inicialmente e previa um pouco menos de dinheiro para projetos de obras públicas. Mas era, ainda assim, um pacote incrivelmente ambicioso. "Se você sabe quais são suas convicções, então está em boa posição para ceder", afirmou Obama logo após ser eleito para o Senado federal. "Quando você não sabe quais são suas convicções, então a política se transforma em esporte."[9] Obama sabe quando lutar a boa luta e quando recuar e ceder. Sabe, como todos os grandes líderes, quando aceitar o que Denny Jacobs chamou de "metade do porco".

"Por que despediçar uma boa crise?"

Em 2009, 13 anos depois de vencer a eleição para uma vaga no Senado estadual em Illinois, Obama havia escalado a montanha e conquistado seu topo. Ainda era um solitário carismático, um homem com a capacidade de mobilizar dezenas de milhões de pessoas com suas palavras e o desejo de deixar sua marca na história.

O 44º presidente dos Estados Unidos assumiu o cargo com a economia em queda livre e a reputação internacional do país em frangalhos. Poucos minutos depois de prestar juramento e proferir seu discurso de posse, diante de uma multidão estimada em dois milhões de pessoas no Washington Mall — testemunhas que compartilhavam o palanque com ele, naquele dia, recordam que as ondas de reverberação vindas das profundezas do mar de gente não se pareciam com nada que já tivessem ouvido antes —, o presidente Obama estava assinando nomeações para o gabinete e uma proclamação criando um dia nacional de renovação e reconciliação. Logo após o almoço, estava de volta ao trabalho, instruindo os promotores militares a suspender temporariamente os processos legais envolvendo os detentos de Guantánamo e dando ordens às agências governamentais para que deixassem em suspenso todas as providências de última hora do presidente Bush. Talvez se lembrasse então das palavras que havia proferido 27 meses antes, num evento na Biblioteca e Museu Kennedy, em Boston. Quando você disputa a presidência, disse naquele dia à plateia, faz um pacto com os eleitores: confie-me o maior poder de todos, e em troca eu estarei pronto a dar a vida pelo meu trabalho, deixando de lado todo o medo, toda a dúvida e toda a insegurança, sabendo que não restará tempo algum "para o sono, a vida em família, férias, lazer".[10]

Nos dias e semanas seguintes, o ritmo não diminuiu. Depois de pouco mais de um mês na presidência, Obama havia transformado em lei o mais ambicioso pacote de incentivos fiscais desde 1930 — um triunfo legislativo para o qual o novo presidente tinha percorrido o país por quase uma semana, pregando sua aprovação — bem como um imenso pacote de auxílio a proprietários em risco de perder suas casas por falta de pagamento. Seu orçamento previa o gasto de centenas de bilhões de dólares com o objetivo de prover seguro de saúde para toda a população. Tinha ordenado o fechamento gradual da prisão de Guantánamo, em Cuba, voltado a aplicar a Convenção de Genebra ao tratamento de suspeitos de terrorismo e mandado revisar o status legal das pessoas presas sem julgamento durante a guerra ao terror. Havia remodelado a política norte-americana em relação ao aquecimento global e traçado um novo curso para as discussões com a Rússia sobre a redução dos arsenais de armas nucleares dos dois países. Tinha ordenado uma retirada gradual das tropas norte-americanas do Iraque e um aumento da presença militar no Afeganistão. Tinha também assinado a criação de um escritório de assuntos urbanos na Casa Branca, aberto o processo decisório do governo a um maior escrutínio público e abolido a limitação de tempo para que uma mulher pudesse processar seu empregador por discriminação salarial.

Somando-se tudo, era uma assombrosa guinada em relação às políticas e prioridades da gestão Bush. E sugeria um projeto extraordinariamente ambicioso, de abrangência total. O imenso navio do Estado estava sendo redirecionado, afastando-se de propósito do curso traçado por trinta anos de política econômica e social neoconservadora. Com a Bolsa de Valores despencando e o desemprego, a fome e a falta de moradia crescendo, a obrigação do governo de intervir para minorar as vicissitudes provadas pelo mercado falido tornava-se mais crucial. Longe de se intimidar com essa perspectiva, o presidente Obama dava toda a impressão de se comprazer com a oportunidade de transformar os Estados Unidos. Afinal, como seu conselheiro Rahm Emanuel, foi ouvido dizendo muitas vezes, "por que desperdiçar uma boa crise?".

Ted Sorensen, que estudou atentamente todas as administrações presidenciais desde John Kennedy, ficou impressionado. Ele acredita que Obama tem todas as qualidades de um grande presidente. "Um bom líder", opina o mais fiel assessor de Kennedy, "tem muitos seguidores. Ele precisa ter qualidades que atraiam, retenham e motivem esses seguidores. Não se trata só de discursos: ele tem que fazer as pessoas se ligarem e ouvirem os discursos. E depois, quando elas estiverem ouvindo, precisam concordar com os discursos. E, concordando, têm que agir em conformidade com eles. É isso o que faz um grande líder. É o que Kennedy fazia e é o que Obama, eu acho, fará."[11]

Para Sorensen, o jovem presidente já mostrou muitas características semelhantes às de JFK. Ele é "calmo, frio e articulado". Tem um forte poder de discernimento. Está à vontade consigo mesmo. E foi premiado com as qualidades irmãs da paciência e da sabedoria. Tais virtudes permitiram a Kennedy palmilhar os caminhos potencialmente apocalípticos da crise dos mísseis de Cuba. Tais qualidades deverão, acredita Sorensen, fazer com que Obama manobre o navio do Estado em meio às muitas crises econômicas e de segurança nacional que desafiam os Estados Unidos neste início de século. O presidente conseguirá, na previsão desse veterano com uma vida inteira de experiência política, "navegar em meio às tempestades e prevalecer".

Obama passou décadas aprimorando suas habilidades analíticas e comunicativas. Lapidou seus instintos políticos inatos até ofuscar todos os seus contemporâneos. E dominou a difícil arte de prestar genuína atenção ao que lhe diz o público, de eleitores comuns num comício de campanha a colegas poderosos em Washington. Assumiu grandes riscos e foi recompensado de forma espetacular pelo eleitorado. Agora, está nascendo um novo Estados Unidos. E essa nova nação, em seus debates e suas prioridades, em seu autorreconhecimento e senso de possibilidade, carregará a marca de Barack Hussein Obama.

Conclusão
Uma nova manhã

Nos primeiros anos do século XX, meus bisavós chegaram em Ellis Island, Nova York, após uma travessia marítima de semanas, fugindo dos *pogroms* da Rússia czarista rumo a uma terra distante. Imagino que eles tenham se perfilado no convés para ver a Estátua da Liberdade entrar lentamente em seu campo de visão. Se falassem inglês, teriam lido as palavras de Emma Lazarus gravadas numa placa na base da Senhora Liberdade: "Dai-me vossos exangues, vossos pobres/ Vossas massas ansiosas de respirar a liberdade/ O refugo de vossas praias densamente populosas." Devem ter se empertigado um pouco e, em iídiche, murmurado palavras de admiração pela grandiosidade do Novo Mundo que os aguardava. Quando tornaram-se cidadãos, votaram — primeiro os homens, e, logo depois, quando as mulheres conquistaram esse direito, minhas bisavós também — e aquele simples ato de participar da escolha de seus governantes marcava-os como habitantes de uma terra de possibilidades ilimitadas.

Para meus antepassados, assim como para as dezenas de milhões de pessoas como eles que vieram para os Estados Unidos nas décadas seguintes, a América era muito mais do que um simples país. Era um conceito cuja audácia tirava o fôlego. O Sonho Americano era, para aqueles imigrantes, uma presença metafísica, uma jornada maravilhosa, um espaço de reinvenção e reconfiguração das possibilidades humanas. Nos Estados Unidos, rezava o mito, não importavam as condições de seu nascimento; o que importava era o que você fazia da sua vida. Se algum limite havia em seus horizontes, eram todos autoimpostos, e não ditados pela cultura à sua volta.

Durante os longos meses da campanha presidencial, esse senso de que os Estados Unidos são um lugar em que se pode pelo menos preservar a ilusão de que berço não é destino esteve sob intenso ataque. Desprovido de ideias novas, o Partido Republicano deflagrou uma saraivada de injúrias para tentar manter o poder. Obama, insinuaram personagens importantes do partido, era um terrorista, um muçulmano, um socialista, um comunista, um radical, um ateu, um elitista.

Na convenção do Partido Republicano em Minneapolis, o ex-prefeito de Nova York Rudy Giuliani não conseguiu conter seu desprezo. Em Obama, disse com desdém, "o que se vê é o currículo de um homem talentoso com uma educação de elite. Ele trabalhou como organizador comunitário. O quê?" Captando a deixa, a multidão explodiu em gargalhadas. "Ele trabalhou... eu disse... eu disse... Tudo bem, talvez este seja o primeiro defeito do currículo. Ele trabalhou como organizador comunitário." Sarah Palin acusou o democrata de ser "amiguinho de terroristas". Além de ser, como implicitamente lembravam o tempo todo, especialmente aos eleitores sulistas, negro. Nunca vieram a público para dizer isso abertamente — e, segundo todos os relatos, o próprio senador McCain ficava profundamente incomodado com qualquer sinal de preconceito em sua campanha. Mas chamavam-no continuamente de "não americano" e perguntavam ao país: "Quem é Obama?" Um político sulista chegou a chamar Barack e Michelle Obama de "pernósticos" — e depois, de forma pouco convincente, negou que a expressão tivesse conotações raciais.[1]

Em setembro e outubro, enquanto a economia adernava e milhões de pessoas perdiam seus investimentos e seus empregos, os ataques ficaram mais feios. Se disputassem a eleição falando de questões reais, sabiam os estrategistas republicanos, ela estaria perdida. Mas se lembrassem ao público com bastante frequência a cor da pele de Obama e a religião dos ancestrais de seu pai, podiam conseguir manter o poder. Nos comícios de Palin, em especial, o tom era sombrio: o coro de "mate-o, mate-o" podia ser ouvido em alguns eventos mais broncos, lado a lado com um burburinho constante de resmungos racistas.

Se o Partido Republicano tivesse conseguido a maioria dos votos desse jeito, se tivesse sido capaz de reter o poder apesar de ter levado a economia à beira do colapso e a reputação global do país ao fundo do poço, o Sonho Americano levaria uma extraordinária sova.

Nas semanas que antecederam a eleição, o medo estava por toda a parte. Qualquer pessoa que tivesse um sentido de história, tanto nos Estados Unidos quanto no exterior, podia senti-lo. A estratégia republicana, disse o general Colin Powell, que aderiu a Barack Obama duas semanas antes da eleição, era "demagógica". "Isso foi longe demais", disse o ex-chefe das Forças Armadas e ex-secretário de Estado ao âncora Tom Brokaw. Powell prosseguiu dizendo que tinha "ouvido de membros importantes de meu próprio partido a insinuação de que 'Obama é muçulmano e pode estar associado com terroristas'. Não é assim que deveríamos estar fazendo as coisas nos Estados Unidos."[2]

No dia 4 de novembro de 2008, ao rejeitar de forma decidida o tom da campanha republicana, o eleitorado norte-americano escolheu mudar dramaticamente o rumo do país. A eleição de Obama foi, simplesmente, um evento transformador. Saindo de um período de profundo cinismo e desespero nacional, o país entrou numa fase de esperança quase utópica e assim aprendeu a se reaproximar de suas instituições públicas e de um senso maior de comunidade.

As possibilidades deflagradas pela eleição de Obama eram reminiscentes dos versos de um poema de Langston Hughes, escrito setenta anos antes. "Ah, deixe a América ser América outra vez", escreveu o poeta, para em seguida delinear as possibilidades de uma terra e de um sonho refeitos com suor e sangue, com as esperanças e as aspirações de pessoas comuns, quaisquer que fossem seus estilos de vida ou raízes étnicas.[3]

Como todos os momentos utópicos, havia o risco de que aquele não ficasse à altura das expectativas, sobretudo devido ao estado catastrófico da economia e às relações estremecidas dos Estados Unidos com o resto do mundo, heranças recebidas pela gestão Obama. Mas a simples existência dessas expectativas representava em si mesma uma monumental transformação. Após mais de quarenta anos de cinismo político e declínio da participação eleitoral — uma crise de fé na democracia deflagrada pela onda de assassinatos políticos dos anos 1960, pelos escândalos sórdidos da era Nixon e pela crescente sensação de que os políticos podiam ser, e de fato eram, todos compráveis por poderosos grupos de *lobby* —, os Estados Unidos de repente eram um lugar em que os cidadãos estavam desesperados para, uma vez mais, depositar sua fé num bom governo e em bons líderes.

Apesar do cinismo do eleitorado, Obama conseguiu reacender a esperança. No dia da eleição, dezenas de milhões de americanos deixaram seus medos de lado e decidiram depositar sua confiança mais uma vez nas urnas, saindo para votar em números recordes num candidato que, acreditavam eles, poderia mudar o país para melhor. A gigantesca participação popular era, em si mesma, um ponto de virada para o país: a ressurreição da fé norte-americana em suas instituições democráticas.

A ascensão de Barack Obama ao poder assinalou uma mudança de importância histórica. Em parte, isso se devia a quem ele era: a simples cor de sua pele, além do nome que carregava, servia como linha divisória entre o passado e o futuro. Mas a maior parte devia-se ao que ele representava.

Numa era em que fazer política era brandir slogans, Obama conseguiu reintroduzir as sutilezas no discurso político americano. Reinjetou, numa cultura política cada vez mais inclinada aos projetos de gratificação instantânea, a arte da paciência, do pensamento de longo prazo. Numa época marcada por embates políticos crescentemente histéricos e polarizados, encontrou um modo de construir pontes e gerar um renovado senso de comunidade e propósito comum. Num momento de cinismo galopante — turbinado pelas mentirosas alegações da administração Bush sobre armas de destruição em massa no Iraque, além de sua resposta incompetente à destruição provocada pelo furacão Katrina em Nova Orleans —, Obama reacendeu o idealismo e a esperança dos norte-americanos.

De modo avassalador, os eleitores confiaram em Obama. Acreditaram que ele seria honesto com eles e governaria levando em conta seus interesses, que não iria simplesmente ouvir suas palavras e então distorcê-las de modo a obter benefícios de curto prazo, e sim prestar atenção nelas e realmente levar essas preocupações consigo para a Casa Branca, caso vencesse a eleição. Foi essa confiança que permitiu a Obama derrotar adversários muito mais experientes durante a exaustiva campanha das primárias do Partido Democrata. Julguem-me por minhas ideias, não por minha experiência, Obama parecia pedir ao eleitorado. E foi essa conexão com os eleitores comuns que, no fim das contas, o impulsionou à vitória na eleição presidencial.

Por tudo isso e mais, Obama é um daqueles líderes políticos que só aparecem uma vez em cada geração. Leva para a Casa Branca um temperamento e um intelecto que são, cada um deles, artigos raros entre políticos importantes — combinados, então, são quase inéditos. E chegou ao poder num momento que era, a um só tempo, assolado por perigos incomuns e pleno de oportunidades raras de transformação do país. Se ele for bem-sucedido em deter o apodrecimento e em fortalecer a crença dos Estados Unidos em seu potencial, entrará para a História como um dos mais notáveis e revigorantes presidentes do país.

"Somos a maior, a mais importante economia. A mais formidável potência militar", afirmou o ex-governador de Nova York Mario Cuomo, uma semana antes da posse de Obama.[4] "Há pessoas em todas as partes do mundo que estão literalmente rezando pelo sucesso de Obama, de seu trabalho na presidência. Porque a economia mundial é afetada pelos Estados Unidos; porque a paz do mundo é impactada pelos Estados Unidos. O impacto de Obama no planeta, em caso de sucesso ou de fracasso, é tanto que afetará o mundo inteiro." Um dos analistas políticos mais astutos do país, Cuomo argumentava que a responsabilidade de Obama era muito maior até que a assumida por Lincoln quando o país rumava celeremente para a guerra civil. "O fracasso de Lincoln teria ferido os Estados Unidos", disse o ex-governador. "O fracasso de Obama pode aleijar significativamente o mundo. Especialmente no aspecto econômico. A globalização nos pôs a todos no mesmo barco. O mundo está de respiração suspensa, esperando Obama. Ele tem a chance de se tornar um dos grandes. O que torna as pessoas grandes são as crises."

Durante minha pesquisa para escrever este livro, não descobri nenhum elemento isolado — pessoa, evento ou coisa — que, como o "Rosebud" do filme *Cidadão Kane*, respondesse inteiramente àquela questão que me dispus a esclarecer no início do volume: *Qual é o mecanismo que move Obama?* O que descobri é que ele é um homem vigorosamente motivado, ambicioso, inteligente e sedutor. Uma pessoa de muitos interesses e muitos talentos profissionais. Um indivíduo de formação poliglota e dono de um conjunto de experiências que o predispõe a compreender a complexidade da vida, reconhecendo a fragilidade do presente e os riscos e possibilidades associados ao futuro.

No fim das contas, porém, nenhuma dessas características é, por si, suficiente para explicar por completo a confiança de Obama em si mesmo, nem sua capacidade de mover um povo para transformar uma nação, nem a fé que, em retribuição, o país deposita nele como líder. O presidente Obama é fruto de um momento específico, uma confluência ímpar de eventos que, de forma cumulativa, acabou por mostrar que a ordem política até então vigente era semelhante àquele conto de fadas em que o rei está nu.

Se os Estados Unidos não tivessem sido atacados por uma sucessão aparentemente interminável de crises nos primeiros anos do século XXI — dos ataques terroristas de 11 de setembro de 2001 às guerras no Iraque e no Afeganistão, do furacão Katrina à explosão da bolha das hipotecas imobiliárias em 2007 e ao colapso econômico generalizado em 2008 —, Obama talvez nunca tivesse emergido como um candidato viável à presidência. Em vez disso, é provável que sua energia ilimitada, seu entusiasmo e seu talento comunicativo fossem canalizados para outros projetos. Numa época de angústia disseminada, contudo, Obama tornou-se o melhor remédio para a doença nacional, um mensageiro de esperança num momento em que tantos se desesperavam.

Percorrendo o longo caminho até o poder, Barack Obama se apresentou como algo novo, alguém que sabia ouvir e curar. Ao contar sua extraordinária história de vida, tornou-se repositório de milhões de histórias represadas, de todos os sonhos e expectativas mal articuladas de sua vasta audiência. Nos anos que se seguiram à sua chegada ao estrelato, na esteira do discurso proferido em julho de 2004 na convenção do Partido Democrata, ele emergiu como a própria encarnação do Sonho Americano.

Em última análise, antes mesmo de prestar seu juramento presidencial, Barack Obama, o homem eleito para ser o 44º presidente dos Estados Unidos, o homem que um dia nos alertou para o risco de confiar demais em líderes carismáticos, já havia se transformado em algo maior que um indivíduo. Tinha virado, em resumo, uma lenda viva.

Agradecimentos

Escrever um livro sobre um personagem enigmático como o presidente Barack Obama é o sonho de todo jornalista político. Para transformar esse sonho em realidade, devo à minha agente Victoria Skurnick e a seu colega James Levine, da agência literária Levine Greenberg, agradecimentos desmedidos. Obrigado, Victoria, por ter fé suficiente em meu trabalho a ponto de me recomendar aos editores da Portfolio para essa fascinante aventura literária. E obrigado a meus editores, Jeffrey Krames e Jillian Gray, por aceitar a recomendação.

A cabeça de Obama foi concebido nos últimos dias do outono de 2008, a meio caminho entre a vitória eleitoral de Obama e sua posse. E foi escrito nos primeiros meses de seu mandato. Com as centenas de pessoas que abriram espaço em suas agendas — especialmente atarefadas e caóticas nesses meses de transição — para conversar comigo, tanto abertamente quanto em *off*, tenho uma dívida de gratidão que provavelmente jamais poderei pagar. Dos corredores do poder em Washington às vielas de Chicago, os homens e as mulheres com quem conversei para este livro me ajudaram a desenvolver uma compreensão sobre a configuração mental e as motivações do homem mais poderoso do mundo. Embora o espaço não me permita agradecer a todos vocês pelo nome, gostaria de usar estas páginas para tirar-lhes o chapéu coletivamente.

A algumas pessoas, contudo, preciso agradecer individualmente. A Charlie Halpern, homem verdadeiramente sábio, que conheço há muitos anos: obrigado por seus conselhos fantásticos e por sua disposição de se encontrar comigo não apenas para dar entrevistas, mas para me passar observações editoriais minuciosas à medida que o livro ia amadurecendo. A Yvonne Lloyd e Loretta Augustine-Herron, que tiraram a poeira de memórias de um quarto de século para ampliar minha compreensão sobre o que representou a presença do jovem organizador comunitário Obama para os residentes na zona sul de Chicago em meados dos anos 1980. E a Jerry Kellman, Marshall Ganz, John McKnight, Harry

Boyte e Mary Gonzalez, por me darem um curso-relâmpago sobre as sutilezas da política comunitária de Chicago e do país. Suas palavras, assim como os livros que vocês me recomendaram, permitiram-me compreender melhor o mundo e o conjunto de ideais filosóficos que ajudaram a moldar Barack Obama. A John Kupper, que atuou como o primeiro crítico de minhas nascentes observações sobre o político Obama, estendo minha mais profunda consideração. Obrigado ainda a Miles Rapoport e a David Callahan, da Demos, e a Stephen Heintz, do fundo Rockfeller Brothers. Vocês foram além de suas obrigações ao me indicar contatos no mundo da política que pudessem me auxiliar neste projeto.

Teria sido impossível levar um livro da concepção à versão final no limite de tempo estabelecido para este projeto se eu não tivesse o apoio de um fantástico time de amigos e familiares, todos dispostos a atuar como dublês de editores e críticos. À medida que os capítulos eram finalizados, os e-mails começavam a voar pelo ciberespaço. A Eyal Press, amigo querido e jornalista que muito admiro, obrigado por seus comentários valiosos sobre como estruturar este livro. Obrigado também a Steve Magagnini, que, apesar de suas tarefas exaustivas como jornalista do Sacramento Bee, encontrou tempo para ler com lupa e comentar vários capítulos. Seu jornalismo permanece uma inspiração para mim. A meus pais, Lenore e Jack Abramsky, e a minha mulher, Julie Sze, minha mais profunda gratidão por também terem feito, ainda que temporariamente, essa transição para funções editoriais. A Chris Stamos, Gary Dymski, Jason Ziedenberg, Maura McDermott, Silja Talvi, Adam Shatz, Raj Patel, George Lerner, Karma Waltonen e os muitos amigos e colegas com quem troquei ideias ao longo dos meses, meus sinceros agradecimentos. Vocês me ajudaram a cumprir esta jornada.

No front editorial, contudo, ninguém merece gratidão mais calorosa do que minha pesquisadora, Caitlin Buckley, que assumiu a tarefa de me ajudar na pesquisa com prazer e grande competência. Seus e-mails diários, contendo números de telefone, referências bibliográficas, resumos de pesquisas prontas e intimações sobre as que ainda estavam por fazer eram contínuos alentos. E, quando o livro se aproximava de ficar pronto, seu apurado olhar editorial revelou-se um trunfo incalculável. Este volume seria muito mais pobre se não contasse com a presença de Caitlin.

A todas essas pessoas, assim como a inúmeras fontes e amigos não mencionados nestes agradecimentos, um caloroso "Valeu, pessoal". Sua cooperação e seu entusiasmo tornaram este livro possível.

No plano pessoal, obrigado, mais uma vez, a meus pais, Lenore e Jack, por me ensinarem a importância do amor, da curiosidade, da humildade e da alegria; e a meu irmão, Kolya, e a minha irmã, Tanya, por serem estrelas-guias na jornada da vida. Vocês realmente me fizeram quem sou. A meus avós paternos e maternos, "obrigado" não começa sequer a expressar o que sinto por vocês e pelas casas que vocês enchiam de felicidade e amor quando eu estava crescendo. À minha mulher, Julie Sze, por tolerar a invasão de nossa casa por dois projetos de livro no período de um ano, estendo minha humilde gratidão. O estresse foi grande; obrigado por torná-lo superável e, sim, às vezes até divertido. E, acima de tudo, devo abraços apertados a minha filha de cinco anos, Sofia, e a meu filho de dois anos, Leo. Seu contínuo e delicioso coro de "sim, nós podemos", durante a campanha eleitoral e nos meses que se seguiram a ela, foram um verdadeiro alento para os ouvidos.

Notas

Introdução: Montando o palco

1. Sokolove, Michael. "The Transformation of Levittown". *New York Times*, 9/11/2008.
2. Obama, Barack. Grant Park, Chicago, 4/11/2008.
3. Entrevista do autor com Jerry Kellman, 28/1/2009.
4. Trecho de entrevista transcrito na contracapa de: Thomas, Evan. *A Long Time Coming*. Nova York: PublicAffairs, 2009.
5. Citação retirada de um questionário transcrito na contracapa de: Knoepfle, Peg (org.). *After Alinsky*. Illinois: Sangamon State University, 1990.
6. Boyte, Harry; Evans, Sara. *Free Spaces: The Sources of Democratic Change in America*. Nova York: Harper & Row, 1986, p. 2.
7. Ibid., p. 17.
8. Entrevista do autor com Marshall Ganz, 5/2/2009.
9. Entrevista do autor com Stephen Skowronek, 16/1/2009.
10. Entrevista do autor com Douglas Brinkley, 22/1/2009.
11. Wallace-Wells, Ben. "Destiny's Child". *Rolling Stone,* nº 1.020, 22/2/2007.
12. A fonte dessa informação preferiu permanecer anônima.
13. Entrevista do autor com Charles Halpern, 28/12/2009.
14. Obama, Barack. *Dreams from My Father*. Nova York: Three Rivers Press, 2004, p. xvi.
15. O evento ocorreu em 23/11/2004. Foi transmitido pelo *Book TV*, da C-SPAN.
16. Entrevista do autor com John Kupper, 30/1/2009.
17. ABC News, 23/2/2009.

Capítulo 1: Foco

1. Entrevista do autor com Loretta Augustine-Herron, 10/2/2009.
2. Entrevista do autor com Yvonne Lloyd, 13/2/2009.
3. Entrevista do autor com Eric Kusunoki, 2/1/2009.
4. Entrevista do autor com Judson Miner, 24/1/2009.
5. Entrevista do autor com George Galland, 27/1/2009.
6. Entrevista do autor com Elizabeth Hollander, 22/1/2009.
7. Entrevista do autor com John Owens, 15/1/2009.
8. Fornek, Scott. "'I've Got a Competitive Nature': Beneath the Rock Star Fame is a Politician Who Plays Hard to Win, Whether It Be Scrabble or a Race to Topple an Incumbent". *Chicago Sun-Times*, 3/10/2004. Neste artigo, Maya Soetoro-Ng, foi citada dizendo: "Ele cantava como um galo e batia as asas e fazia movimentos de enterrar a bola de basquete quando vencia no Palavras Cruzadas."

9. Entrevista do autor com Whitman Soule, 3/2/2009.
10. Entrevista do autor com Ruben Wilson, 18/1/2009; e Jahi Hassan, 18/1/2009.
11. Wolff, Alexander. "The Audacity of Hoops". *Sports Illustrated Online*, 13/1/2009.
12. Entrevista do autor com Loretta Augustine-Herron, 10/2/2009.
13. Thomas, Evan. *A Long Time Coming*. Nova York: PublicAffairs, 2009.
14. Bob Herbert entrevistou Obama na Biblioteca e Museu JFK, Boston, em 20/10/2006. O evento foi transmitido pelo *Book TV* da C-SPAN.
15. Entrevista do autor com Toni Preckwinkle, 26/1/2009.
16. Entrevista do autor com Jerry Kellman, 6/1/2009.
17. Knoepfle, Peg (org.). *After Alinsky*. Illinois: Sangamon State University, 1990, pp. 36-40.
18. Entrevista do autor com o reverendo Alvin Love, 10/2/2009.
19. Entrevista do autor com Mike Kruglik, 8/1/2009.
20. Entrevista do autor com Harry Boyte, 6/1/2009.
21. Entrevista do autor com Sanford Newman, 13/1/2009.
22. Entrevista do autor com Gretchen Reynolds, "Vote of Confidence", revista *Chicago*, janeiro de 1993.
23. Entrevista do autor com Rachel Klayman, 10/4/2009.
24. Entrevista do autor com Alan Dershowitz, 20/1/2009.
25. Entrevista do autor com Paul Harstad, 16/1/2009.
26. Entrevista do autor com Alan Solomont, 16/1/2009.
27. Entrevista do autor com Ken Rolling, 21/1/2009.
28. A fonte dessa informação preferiu permanecer anônima.

Capítulo 2: Olhar para dentro, agir para fora

1. Obama, Barack. *Dreams from My Father*. Nova York: Three Rivers Press, 2004, p. xii.
2. Ibid., p. xi.
3. Maya Soetoro-Ng disse isso em resposta a uma pergunta por escrito do autor durante sua apresentação na Universidade do Estado da Califórnia, Sacramento, 17/3/2009.
4. Entrevista de Obama a Connie Martinson, em agosto de 1995, no *Connie Martinson Talks Books*. Martinson doou posteriormente gravações de suas entrevistas aos arquivos do Drucker Institute, baseado na Universidade de Claremont. O website dos arquivos é www.druckerinstitute.com/DruckerArchives.aspx.
5. Nakaso, Dan. "Obama's Mother's Work Focus of UH Seminar". *Honolulu Advertiser*, 12/9/2008.
6. Scott, Janny. "Obama's Mother — An Unconventional Life". *New York Times*, 14/3/2008.
7. Wamba, Philippe. *Kinship: A Family's Journey in Africa and America*. Nova York: Dutton, 1999, p. 53.
8. Entrevista do autor com Douglas Brinkley, 22/1/2009.
9. Wamba, Philippe. *Kinship: A Family's Journey in Africa and America*. Nova York: Dutton, 1999, p. 76.
10. Entrevista do autor com Harry Boyte, 6/1/2009.
11. Obama, Barack. "What I Want for You — And Every Child in America". *Parade*, 14/1/2009.

12. Entrevista de Michelle Obama a Tonya Lewis, "Your Next First Lady?". *Glamour*, 3/9/2007.
13. Entrevista do autor com o senador Kirk Dillard, 19/1/2009.
14. Obama, Barack. *Dreams from My Father*. Nova York: Three Rivers Press, 2004, p. 111.
15. Obama, Barack. *The Audacity of Hope*. Nova York: Vintage, 2008, p. 64.
16. Ibid., p. 5.
17. Obama, Barack. *Dreams from my Father*. Nova York: Three Rivers Press, 2004, p. 91.
18. Pool, Hannah. "Question Time". *Guardian*, 16/11/2006.
19. Entrevista do autor com Jerry Kellman, 6/1/2009.

Capítulo 3: O sentido da história

1. Remnick, David. "The Joshua Generation: Race and the Campaign of Barack Obama". *New Yorker*, 17/11/2008.
2. Douglass, Frederick. "What, to the Slave, Is the Fourth of July?". Discurso proferido no Corinthian Hall, em Rochester, Nova York, em 4/7/1852. Citado em: Daley, Hanes (org.). *Great Speeches by African Americans*. Nova York: Dover, 2006.
3. Payne, Charles. *I've Got the Light of Freedom: The Organizing Tradition and the Mississippi Freedom Struggles*. Berkeley: University of California Press, 1995, p. 98.
4. Obama, Barack. *The Audacity of Hope*. Nova York: Vintage, 2008, p. 112.
5. Ibid., p. 11.
6. Ibid., p. 68.
7. Obama, Barack. "What I Want for You — And Every Child in America" (carta aberta às filhas).
8. Obama, Barack. *Dreams from My Father*. Nova York: Three Rivers Press, 2004, p. 277.
9. Sorensen, Ted. *Counselor: A Life at the Edge of History*. Nova York: Harper, 2008, p. 140.
10. Wenner, Jann. "A Conversation with Barack Obama". *Rolling Stone*, nos 1.056/1.057, 10-25/7/2008.
11. Artigos no *New York Times*, *Los Angeles Times* e Salon.com esmiuçaram os gostos literários de Obama.
12. Entrevista do autor com Richard Donohue, 21/1/2009.
13. Entrevista do autor com Harry Boyte, 21/1/2009.
14. Boyte, Harry; Sirianni, Carmen. "Renewing the Democratic Faith: Draft Framework for Civil Engagement Discussion", 12/7/2008.
15. Obama, Barack. *Dreams from My Father*. Nova York: Three Rivers Press, 2004, p. 437.
16. Essa história foi contada pela repórter de rádio Amy Goodman durante um encontro de jornalistas em Los Angeles, 25/4/2009.
17. Obama, Barack. Discurso no Knox College, 4/6/2005, citado em: Daley, James (org.). *Great Speeches by African Americans*. Nova York: Dover, 2006.
18. Entrevista do autor com o reverendo Robert Jones, 12/2/2009.
19. Entrevista do autor com Ted Sorensen, 18/2/2009.
20. Entrevista do autor com Heather Booth, 31/12/2008.
21. Citação publicada pela primeira vez em 2004, dois anos após a conversa. Suskind, Ron. "Without a Doubt". *New York Times*, 17/10/2004.

22. Roosevelt, Franklin Delano. State of the Union Address to Congress, 6/1/1941.
23. Wallace-Wells, Ben. "Destiny's Child". *Rolling Stone,* nº 1.020, 22/2/2007.
24. Obama, Barack. *Dreams from My Father*. Nova York: Three Rivers Press, 2004, p. xi.
25. Obama, Barack. *The Audacity of Hope*. Nova York: Vintage, 2008, p. 330.

Capítulo 4: Autoconfiança

1. Entrevista do autor com Denny Jacobs, 19/2/2009.
2. Entrevista de Michelle Obama a Tonya Lewis, "Your Next First Lady?". *Glamour*, 3/9/2007.
3. Entrevista do autor com George Galland, 27/1/2009.
4. Entrevista do autor com Geoff Stone, 10/2/2009.
5. Entrevista do autor com David Wilkins, 18/3/2009.
6. Reunião do conselho editorial do *Washington Post*. Uma gravação da reunião foi postada na internet.
7. Boyte, Harry; Evans, Sara. *Free Spaces: The Sources of Democratic Change in America*. Nova York: Harper & Row, 1986, pp. 6-7.
8. Mendell, David. *Obama: From Promise to Power*. Nova York: Amistad, 2008, p. 7.
9. Ibid.
10. Entrevista do autor com John Cameron, 29/1/2009.
11. Entrevista do autor com Jacky Grimshaw, 14/2/2009.
12. Kleine, Ted. "Bobby Rush's Enemies Smell Blood". *Chicago Reader*, 17/3/2000.
13. Entrevista do autor com John Kupper, 28/1/2009.
14. Entrevista do autor com Mike Kruglik, 8/1/2009.
15. Obama, Barack. *The Audacity of Hope*. Nova York: Vintage, 2008, pp. 126, 130.
16. Entrevista do autor com Jacky Grimshaw, 14/2/2009.
17. Entrevista do autor com o reverendo Alvin Love, 10/2/2009.
18. A fonte dessa informação preferiu permanecer anônima.
19. Entrevista do autor com Leon Despres, 12/2/2009.

Capítulo 5: Compostura

1. Entrevista do autor com Jackie Kendall, 16/1/2009.
2. Entrevista do autor com John Milner, 14/1/2009.
3. Entrevista do autor com Mary Gonzalez, 27/1/2009.
4. Entrevistas do autor com Stephen Heintz, 12/1/2009; e Charles Halpern, 28/12/2008.
5. Entrevista do autor com David Wilkins, 18/3/2009.
6. Entrevista do autor com Linda Randle, 4/2/2009.
7. As fontes das informações que constam desse parágrafo preferiram permanecer anônimas.
8. Entrevista do autor com David Friedman, 13/1/2009.
9. Cook, Mariana. "A Couple in Chicago". *New Yorker*, 19/1/2009. Baseado numa entrevista feita por Cook com os Obama em 26/5/1996.

10. Informação concedida ao autor durante entrevista com Hill Harper, um dos participantes do jogo de basquete, 22/1/2009.

Estudo de caso: Atacando de frente a questão racial

1. "The Future of Urban Centers: What Are the Policy Options?", mesa-redonda patrocinada pelo American Enterprise Institute e moderada por John Charles Daly, 27/1/1978.
2. Citado na seção de perguntas e respostas de: Knoepfle, Peg (org.). *After Alinsky*. Illinois: Sangamon State University, 1990.
3. Entrevista do autor com Judson Miner, 24/1/2009.
4. Entrevista do autor com David Wilkins, 18/3/2009.
5. Entrevista do autor com Julianne Malveaux, 2/2/2009.
6. Entrevista de Obama a Connie Martinson, no *Connie Martinson Talks Books*, agosto de 1995.
7. Scot, Janny. "Obama Chose Reconciliation Over Rancor". *New York Times*, 18/3/2008.
8. Entrevista do autor com Charles Halpern, 28/12/2008.
9. Obama, Barack. *Dreams from My Father*. Nova York: Three Rivers Press, 2004, p. 82.

Capítulo 6: Curiosidade

1. Entrevista do autor com George Galland, 27/1/2009.
2. Wenner, Jan. "A Conversation with Barack Obama". *Rolling Stone*, n°s 1.056/1.057, 10-25/7/2008.
3. Obama, Barack. *Dreams from My Father*. Nova York: Three Rivers Press, 2004, p. xii.
4. Soetoro-Ng, Maya. Discurso na Universidade do Estado da Califórnia, Sacramento, 17/3/2009.
5. Entrevista do autor com Mitch Kam, colega de Obama na escola secundária, 13/1/2009.
6. Obama, Barack. *Dreams from My Father*. Nova York: Three Rivers Press, 2004, p. 100.
7. Entrevista do autor com Roger Boesche, 18/2/2009.
8. Entrevista do autor com Elizabeth Hollander, 22/1/2009.
9. Griscom Little, Amanda. "The Freshman". *Rolling Stone*, n°s 964/965, 30/12/2004.
10. Entrevista do autor com Robin Kelley, 24/1/2009.
11. Entrevista do autor com Richard Donohue, 21/1/2009.
12. Entrevista do autor com Douglas Brinkley, 22/1/2009.
13. Whitman, Walt. *Complete Prose Works*. Filadelfia: D. McKay, 1891. Citação extraída da página 502, do capítulo intitulado "Good-bye my fancy!", segundo anexo de *Leaves of Grass*.
14. Obama, Barack. *Dreams from My Father*. Nova York: Three Rivers Press, 2004, p. 122.
15. Entrevista do autor com o reverendo Alvin Love, 10/2/2009.
16. Entrevista do autor com o senador Bill Haine, 19/2/2009.
17. Johnson, Jeff. "What's in It for Us? Barack Obama and the Black Vote". Black Entertainment Television, www.bet.com/ONTV/ontv_betnewsspecial_barackobama.html.

18. Entrevista do autor com Abner Mikva, 12/2/2009.
19. Obama falou sobre seu livro *Dreams from My Father* numa livraria Barnes & Noble de Nova York, 23/11/2004. O evento foi transmitido pelo *Book TV*, da C-SPAN.
20. CONE, James. *Black Theology and Black Power*. Nova York: Seabury Press, 1969, p. 111. Segundo Jody Kretzmann, Cone foi um dos autores que Obama leu nos tempos de organizador comunitário.
21. OBAMA, Barack. *The Audacity of Hope*. Nova York: Vintage, 2008, p. 328.
22. Entrevista do autor com o reverendo Robert Jones, 12/2/2009.
23. OBAMA, Barack. *Dreams from My Father*. Nova York: Three Rivers Press, 2004, p. 261.
24. Ibid., p. 294.
25. MILLER, Davis. *The Tao of Muhammad Ali*. Nova York: Three Rivers Press, 1999, p. 253.
26. COOLICAN, J. Patrick. "Obama Goes Gloves Off, Head-on". *Las Vegas Sun*, 14/1/2008.
27. THOMAS, Evan. *A Long Time Coming*. Nova York: PublicAffairs, 2009.
28. Obama, Barack. *Dreams from My Father*. Nova York: Three Rivers Press, 2004, p. 427.
29. Entrevista do autor com Marshall Ganz, 5/2/2009.

Capítulo 7: Pensando fora dos parâmetros habituais

1. SOETORO-NG, Maya. Discurso na Universidade do Estado da Califórnia, Sacramento, 17/3/2009.
2. KAKUTANI, Michiko. "Obama's Foursquare Politics, with a Dab of Dijon". *New York Times*, 17/10/2006.
3. SMITH, Zadie. "Speaking in Tongues". A palestra foi transcrita no *New York Review of Books*, 26/2/2009.
4. Entrevista do autor com Rachel Klayman, 10/4/2009.
5. Entrevista do autor com Douglas Brinkley, 22/1/2009.
6. Entrevista do autor com Mary Gonzalez, 27/1/2009.
7. Entrevista do autor com Jim Capraro, 13/1/2009.
8. Entrevista do autor com Marshall Ganz, 5/2/2009.
9. Entrevista do autor com Mary Gonzalez, mulher de Galuzzo, que presenciou a conversa, 27/1/2009.
10. Entrevista do autor com William McNary, 15/1/2009.
11. Entrevista do autor com Jody Kretzmann, 8/1/2009.
12. OBAMA, Barack. "Why Organize?". In: KNOEPFLE, Peg (org.). *After Alinsky*. Illinois: Sangamon State University, 1990.
13. Entrevista do autor com Hill Harper, 22/1/2009.
14. O debate Obama-McCain na igreja de Saddleback foi transmitido pela CNN, http://www.cnn.com/2008/POLITICS/08/16/warren.forum/#cnnSTCVideo.
15. OBAMA, Barack. *Dreams from My Father*. Nova York: Three Rivers Press, 2004, pp. 11-12.
16. Ibid., p. 12.
17. Entrevista de Obama a Connie Martinson, no *Connie Martinson Talks Books*, agosto de 1995.

18. Entrevista do autor com Al Kindle, 27-30/1/2009.
19. Entrevista do autor com Linda Randle, 4/2/2009.
20. Entrevista do autor com Abner Mikva, 12/2/2009.
21. Correspondência por e-mail do autor com Laurence Tribe, 24/2/2009.
22. Howe, Irving. *World of Our Fathers: The Journey of the East European Jews to America and the Life They Found and Made*. Nova York: Touchstone, 1976, p. 27.
23. Obama, Barack. Discurso de boas-vindas aos estudantes do Knox College.
24. Obama, Barack. *Change We Can Believe In: Barack Obama's Plan to Renew America's Promise*. Nova York: Three Rivers Press, 2008, p. 14.
25. Entrevista do autor com Harry Boyte, 6/1/2009.
26. Zutter, Hank de. "What Makes Obama Run?". *Chicago Reader*, 8/12/1995.

Capítulo 8: O político hábil

1. Entrevista do autor com David Wilkins, 18/3/2009.
2. Entrevista do autor com Douglas Baird, 5/2/2009.
3. Boyte, Harry; Hahn, Steven. "Obama Picks Up the Message that RFK Popularized". *Star Tribune*, 4/6/2008.
4. Zutter, Hank de. "What Makes Obama Run?". *Chicago Reader*, 8/12/1995.
5. Entrevista do autor com Stephen Heintz, 12/1/2009.
6. Obama, Barack. *The Audacity of Hope*. Nova York: Vintage, 2008, p. 250.
7. Entrevista do autor com Chris Edley, 9/2/2009.
8. Drummond, Tammerlin. "Barack Obama's Law Personality". *Los Angeles Times*, 19/3/2009.
9. Entrevista do autor com John Milner, 14/1/2009.
10. http://firstread.msnbc.msn.com/archive/2008/05/29/1076277.aspx.
11. Bates, Eric. "Obama's Moment". *Rolling Stone*, nº 1.064, 30/10/2008.
12. Entrevista do autor com Stephen Heintz, 12/1/2009.
13. Entrevista do autor com Ken Rolling, 21/1/2009.
14. Entrevista do autor com o reverendo Alvin Love, 10/2/2009.
15. Entrevista do autor com John Kupper, 28/1/2009.
16. Krasner, David. *Method Acting Reconsidered: Theory, Practice, Future* (edição revista). Nova York: MacMillan, 2000, p. 4.
17. A brochura promocional do prefeito Daley, de 2008, situa a declaração de Obama em 22/1/2007.
18. Entrevista do autor com Ken Rolling, 21/1/2009.
19. Entrevista do autor com Toni Preckwinkle, 26/1/2009.
20. Entrevista do autor com o senador Rickey Hendon, 3/2/2009.
21. "*National Journal*'s 2007 vote ratings". *National Journal*, 31/1/2008.
22. Leonhardt, David. "After the Great Recession". *New York Times Magazine*, 3/5/2009.
23. Entrevista do autor com o reverendo Alvin Love, 10/2/2009.

Estudo de caso: A primária de Iowa

1. Entrevista do autor com David Yepsen, 14/1/2009.
2. Entrevista do autor com Jason Clayworth, 24/2/2009.
3. Entrevista do autor com John Kupper, 28/1/2009.
4. Entrevista do autor com John Kupper, 3/3/2009.
5. Entrevista do autor com Marshall Ganz, 5/2/2009.
6. Todd, Chuck; Gawiser, Sheldon. *How Barack Obama Won: A State-by-State Guide to the Historic 2008 Presidential Election*. Nova York: Vintage, 2009, p. 70. Edward ficou com 29,7% dos votos e Clinton, com 29,5%.

Capítulo 9: O inspirador

1. Obama, Barack. "Why Organize?". In: Knoepfle, Peg (org.). *After Alinsky*. Illinois: Sangamon State University, 1990.
2. Entrevista do autor com Bettylu Saltzman, 5/2/2009.
3. Entrevista do autor com Whitman Soule, 3/2/2009.
4. Boyte, Harry. "Civil Agency and the Politics of Knowledge". Ohio: Kettering Foundation (no prelo).
5. Book Expo America 2006, 23/6/2006. A mesa-redonda foi moderada pela escritora Marie Arana. Os debatedores eram Barack Obama, John Updike e Amy Sedaris. O *podcast* do evento está em: http://bookexpocast.com/2006/06/23/bea-12-saturday-book-author-breakfast.
6. Harper, Hill. *Letters to a Young Brother*. Nova York: Gotham Books, 2006, p. 157.
7. Obama usou essa frase numa conversa com Bob Herbert, colunista do *New York Times*, no John F. Kennedy Library and Museum, em Boston, 20/10/2006. Transmitido no *Book TV* da C-SPAN.
8. Miller, Davis. *The Tao of Muhammad Ali*. Nova York: Three Rivers Press, 1999, p. 80.
9. Entrevista do autor com Loretta Augustine-Herron, 10/2/2009.
10. Entrevista do autor com Yvonne Lloyd, 13/2/2009.
11. Alinsky, Saul. *Reveille for Radicals*. Chicago: University of Chicago Press, 1946, p. 80.
12. Nagourney, Adam; Connely, Marjorie. "Poll Finds Faith in Obama, Mixed with Patience". *New York Times*, 18/1/2009.
13. Entrevista do autor com Troy Duster, 25/1/2009.

Estudo de caso: A volta da Equipe de Rivais

1. Goodwin, Doris Kearns. *Team of Rivals: The Political Genius of Abraham Lincoln*. Nova York: Simon & Schuster, 2006, p. xvii.
2. Ibid., p. 318.

3. http://www.publicbroadcasting.net/netradio/arts.artsmain?action=viewArticle&sid=17&pid=283&id=1471706.
4. Entrevista do autor com Sanford Newman, 13/1/2009.
5. Entrevista do autor com John Kupper, 3/3/2009.
6. Entrevista do autor com Richard Donohue, 21/1/2009.
7. Entrevista do autor com Geoff Stone, 10/2/2009.
8. Entrevista do autor com Chris Edley, 9/2/2009.

Capítulo 10: O líder

1. Entrevista do autor com Bill Haine, 19/2/2009.
2. Entrevista do autor com Eric Garcetti, 24/2/2009.
3. Entrevista do autor com Bill Haine, 19/2/2009.
4. Entrevista do autor com John Owens, 15/1/2009.
5. ALINSKY, Saul. *Rules for Radicals: A Practical Primer for Realistic Radicals*. Nova York: Random House, 1971, p. xxiii.
6. Entrevista do autor com Patricia Graham, 3/2/2009.
7. Entrevista do autor com John Trasviña, 18/2/2009.
8. Entrevista do autor com Denny Jacobs, 19/2/2009.
9. Nova York, Barnes & Noble, 23/11/2004. Evento transmitido no *Book TV* da C-SPAN.
10. Conversa com Bob Herbert, colunista do *New York Times*, em 20/10/2006.
11. Entrevista do autor com Ted Sorensen, 18/2/2009.

Conclusão: Uma nova manhã

1. O deputado Lynn Westmoreland, da Georgia, fez o comentário em Washington, no início de setembro de 2008.
2. Entrevista de Tom Brokaw, da MSNBC, com o general Colin Powell, 19/10/2008.
3. HUGHES, Langston. "Let America be America Again", 1938.
4. Entrevista do autor com o governador Cuomo, 12/1/2009.

Índice remissivo

Este livro foi composto em Adobe Garamond Pro,
corpo 11,5, com entrelinha 16,15
e impresso pela Ediouro Gráfica
sobre papel offset 75g/m²
para a Agir em maio de 2010.